Strafgeld

Ein Schelm, wer Böses dabei denkt

Fakten und Überlegungen

Ein Dokumentarbericht

Johanna Reiter

Strafgeld

Ein Schelm, wer Böses dabei denkt

Strafgeld ist der Bericht über eine Betrugsgeschichte, die ebenso unglaublich wie wahr ist, geschrieben nach Informationen gut unterrichteter Kreise, nach staatsanwaltlichen Ermittlungsakten und dem, was öffentlich bekannt wurde. Der Betrugsfall wurde ohne Ermittlung des wahren Sachverhalts durch einen Deal des Staatsanwalts mit dem Betrüger abgeschlossen.
Strafgeld ist der zweite Teil eines Dreiteilers. Der aufmerksame Leser wird im Text Anklänge an DEALS ISBN 9789462541207 entdecken. Das ist beabsichtigt.
In ***Strafgeld*** werden die bloßen Fakten des Betrugs präsentiert.

Johanna Reiter ist Historikerin und Journalistin. Als freie Autorin lebt und arbeitet sie in München.

Impressum

Autorin: Johanna Reiter
Verlag: vonjournalisten.de
Coverdesign: Johanna Reiter
Januar 2016
ISBN 9789463186803

Strafgeld

Ein Schelm, wer Böses dabei denkt

Inhalt

Die Wahrheit ist eine Bedrohung für jene,

die sich mit der Lüge eingerichtet haben.

Strafgeld

Ein Schelm, wer Böses dabei denkt

I. Rose, Tulpe, Nelke und Kalf

Der Mann und die Frau waren wütend gewesen. Beide dachten, dass ihre Bitte um Stillschweigen über dieses Treffen von ihrem Gesprächspartner, den meine Freundin und ich den Journalisten eines angesehenen Magazins genannt hatten, respektiert würde. Da irrten sie. Kurz nachdem sie sich begrüßt hatten, erschien auch dessen Rechtsanwalt auf der Bildfläche. Das mussten sie akzeptieren. Nicht aber den Detektiv, den der Rechtsanwalt mitbrachte. Alle Beteiligten verständigten sich dann dennoch rasch, nicht nur, weil keiner eine andere Wahl hatte, wenn es weiter gehen sollte, sondern auch, weil alle Anwesenden schnell merkten, dass jeder einen Nutzen aus dem anderen ziehen konnte. Eine weitergehende Zusammenarbeit wurde beschlossen.
Der Gesprächspartner bestätigte mit seinem Bericht das, was die Journalisten über Kalf einen Tag vorher von mir und meiner Freundin erfahren hatten. Der Detektiv steuerte seinen Teil bei. Die Journalisten erfuhren, dass der Gesprächspartner wie anscheinend viele andere mit betrügerischen Anlagegeschäften millionenfach betrogen worden war. Was darüber bis dahin bekannt wurde, schadete Kalfs Ruf kaum. Er blieb sich treu. Er gehört zu den Leuten, denen jede Presse recht ist, eine gute oder eine schlechte, Hauptsache, er hat eine.
Was Kalf über das bekannt Gewordene hinaus trieb, gelangte kaum an die Öffentlichkeit, obwohl die Beteiligung an seinen Geschäften für seine Partner fatale, sogar tödliche Folgen hatte. Erstaunlich war, dass nur eine verschwindend geringe Anzahl aus dem noch nicht übersehbaren Kreis der

Betrogenen gegen ihn Anzeige erstattet hatte. Darüber war in keinem Artikel etwas zu lesen gewesen. Das war auffallend. Was steckte dahinter? Was verbarg sich hinter dieser Betrugsgeschichte?
Wer ist der Betrüger?
In den bisher stattgefundenen juristischen Auseinandersetzungen, von denen ich wusste, war er mit einem blauen Auge davon gekommen. Vorhandene Beweise wurden als juristisch nicht verwertbar fallen gelassen und der Verbleib seiner eingesammelten Millionen wurde nicht geklärt. Meine Freundin und ich hatten die Neugierde der Journalisten geweckt, der Sache auf den Grund zu gehen.
Nach den ersten Artikeln, die daraufhin veröffentlicht wurden, wird drei Monate später eine international angesehene Zeitung resümieren, dass Kalf sein nächstes Weihnachtsfest wohl hinter Gittern verbringen wird.
Mein Treffen mit dem Detektiv arrangierten die Journalisten für den folgenden Tag. Sowohl mir als auch dem Mann wurden gegenseitig interessante Informationen in Aussicht gestellt. Ein Treffen mit dem Detektiv allein hatte ich abgelehnt. Die ganze Sache war mir zu diesem Zeitpunkt nicht geheuer, weil ich von dem Geschäft keine Ahnung hatte. Da ich jedoch fest entschlossen war, die Hintergründe der Betrugsgeschichte weiter aufzuklären, war ich zu diesem Treffen, allerdings nur im Beisein der Journalisten, bereit gewesen.
Als ich Platz genommen hatte, wusste ich weder, in welchem Stockwerk ich mich jetzt befand, noch hätte ich beschreiben können, durch welche Gänge ich in diesen Raum gekommen war. Am Empfang war ich abgeholt und mitgenommen worden. Der Lift setzte sich nur mit Chipkarte in Bewegung. Natürlich konnte ich darauf achten, in welcher Etage der Lift anhielt und dann zumindest, ob wir uns nach links oder nach rechts wandten. Es hätte sowieso nichts genützt. Auch alle abzweigenden Gangtüren öffneten sich nur mit einer Chipkarte. Nicht auszudenken, wenn alle Signale von Chipkarten in Türen und Liften zufällig oder absichtlich decodiert würden! Ich folgte meiner Begleitung also dahin, wohin sie ging. Das Treffen, das zwischen mir und dem Detektiv in einem Konferenzraum eines Mediencenters arrangiert worden war, nahm meine ganze Aufmerksamkeit in Anspruch.

Dabei hielt mich die Aussicht auf gleichermaßen überraschende wie auch für mein eigenes Vorhaben nützliche Mitteilungen nicht mehr angespannt als die Gewissheit, dass Auskünfte von mir erwartet wurden, wobei ich nicht wusste, welche ich geben oder welche ich zurückhalten sollte. Die Journalisten erhofften Informationen für eine Aufsehen erregende Story. Detektive kannte ich bis jetzt nicht.

Für wen arbeitete der Mann?

Während ich wartete, überlegte ich, was ich bis jetzt über die Sache wusste. Damals vor sechs Jahren hatte er beiläufig von Geldanlagen gesprochen. Von guten, von lukrativen Anlagen, mit denen er selbst seit zwei Jahren Geld verdient. Alles solide und sicher. Jeder kann mitmachen, es gibt keine Beschränkung, sagte er immer wieder einmal bei Zusammenkünften lapidar zu diesem und zu jenem. Dann wurde er zurückgefragt und schon hatte er das Geld auf dem Tisch.

So beteuerte er in späteren Vernehmungen.

Dass das nur teilweise der Wahrheit entsprach, wird sich herausstellen, denn er entwickelte geradezu kuriose Strategien, wie er Geld einsammelte und wie er den Geldfluss am Laufen hielt.

Viel war es nicht, was ich Anfangs mehr wusste, als dass das Geld verschwunden ist. Ich wusste, dass er von Aktienkäufen gesprochen hatte. Von ausländischen Aktien hatte er geredet, vor allem von kanadischen Wertpapieren. Direkte Verbindung nach Kanada hatte er über einen Vermögensberater und zwei Banker geknüpft, die selbst dort verschiedene Geschäfte betrieben und ihn am Immobiliengeschäft beteiligten.

Ich überlegte mir, was ich sagen wollte und was ich nicht sagen wollte. Von der Zusammenarbeit der Banker würde ich reden, da konnte ich auch verschiedene Unterlagen liefern. Über Kanada werde ich besser noch nichts sagen, entschied ich mich. Das war noch nicht spruchreif. Darüber wollte ich zuerst selbst einiges in Erfahrung bringen.

Das Eintreffen meiner erwarteten Gesprächspartner beendete nach wenigen Minuten schnell meine Überlegungen. Die Journalisten machten uns

miteinander bekannt und setzten sich dann ans andere Ende des Tisches. Der Detektiv und ich sollten uns ohne Regie unterhalten können.
Ich war überrascht. Der Mann wirkte harmlos auf mich. Ich war dem Klischee verhaftet, das sich von Detektiven in der Öffentlichkeit gebildet hatte. Weder war er schlampig anzusehen, noch wirkte er wie ein Muskelprotz. Der Detektiv gab den Anschein eines seriösen Geschäftsmanns, der mit dementsprechenden Geschäften seinen Lebensunterhalt verdient. Wenn ich viel später dann erfahren werde, dass der Mann wegen Betrug, Falschaussage, Beleidigung und Körperverletzung mehrfach vor Gericht gestanden und verurteilt worden war, wird mich das nicht mehr aus der Fassung bringen. Zum Glück hatte ich beim ersten Zusammentreffen davon noch keine Ahnung. Das Treffen wäre sonst nicht zustande gekommen.
Der Mann schaute mich mit lieben Augen an, sprach mit sanfter Stimme und sein zarter Teint verlieh seinem Gesicht insgesamt einen kindlich unverbrauchten Eindruck. Obwohl der Mann nicht auffallend modisch gekleidet war, wirkte er mit seinen sorgfältig gegelten Haaren und dem exakten Menjoubärtchen wie ein liebenswerter Dandy, keinesfalls wie ein kaltschnäuziger Schnüffler. Ich sah die dicke Goldkette neben der Rolexuhr am Handgelenk. Damit bestätigte der Mann das Klischee geringfügig.
Der Detektiv legte ein Blatt Papier vor mich auf den Tisch. Das Papier hatte weder Kopf noch Fuß, es fehlte jeglicher Hinweis auf die Herkunft. Die Zahlenreihen, die rechts außen standen, erfassten meine Augen als erstes aus dem übrigen. Ich las mehrere Millionenbeträge, die in zwei senkrechten Zahlenspalten notiert waren. Entsprechende Beträge waren nicht nebeneinander, sondern versetzt aufgeschrieben, was Einbuchung und Ausbuchung darstellte. Einige der Beträge waren nur einmal aufgeschrieben, andere wiederholt dreimal. Ich las mir unbekannte Namen und einige mir bekannte. Der Großteil der Namen war jedoch geschwärzt. Links außen konnte ich Datumsangaben lesen.
Das ist, sagte der Detektiv, eine Seite eines seiner Konten.
Eine Seite, fragte ich zurück?

Es ist so, dass Kalf in großem Umfang Geld auf mehreren Konten eingesammelt hat.
Was sagen Sie zu den Daten, die Sie lesen können?
Die Datumsangaben stimmen mit meinen Kenntnissen überein, bestätigte ich. Ich kenne Kalf aus dieser Zeit ebenso wie einige der hier genannten Personen. Dass alle diese Leute solche Geldbeträge bei ihm angelegt haben, wusste ich nicht bis zum heutigen Tag. Haben Sie Unterlagen über diese Geschäfte, fragte ich den Detektiv.
Einige Unterlagen gibt es, sagte der Detektiv, überging jedoch meine Frage ziemlich schnell, ließ mir kaum einige Sekunden Bedenkzeit und fragte mich nach der Verbindung von Kalf zu verschiedenen Banken.
Zurückhaltend nannte ich lediglich Kalfs Hausbank und dabei sagte ich ein Wort, das den Detektiv elektrisierte.
Sagten Sie Kanada?
Ja, ich weiß, dass Verbindungen zu Kanada bestehen. Der Direktor seiner Hausbank hat sicher Geschäftsverbindungen dorthin. Natürlich auch Kalf.
Ich erschrak. Das wollte ich noch für mich behalten. Jetzt war es doch passiert, dass ich etwas sagte, was ich noch nicht sagen wollte. Ich ärgerte mich. Der Detektiv merkte das sofort und fragte wohlweislich nicht nach. Auch die Journalisten schauten in unsere Richtung. Besorgt mischten sie sich ein. Schließlich erhofften sie sich selbst weitere Informationen von mir.
Der Detektiv überließ mir das Blatt Papier. Der Mann, der, wie ich jetzt wusste, für den Gesprächspartner arbeitete, den ich den Journalisten genannt hatte, wollte gerne mit mir in Verbindung bleiben. Die Journalisten waren über unsere weitere Zusammenarbeit sehr erfreut. Die Leute bekamen ihre Story.
Sowohl die Journalisten als auch der Detektiv meldeten sich am darauf folgenden Tag telefonisch bei mir. Danach war ich davon überzeugt, dass ich tatsächlich die einzige war, die sowohl den Betrüger als auch einige Betrogene privat kannte und darüber hinaus bereit war, über das, was ich wusste, zu reden.
Die Journalisten und der Detektiv werden mit ihren Mitteln so weit wie möglich allen Informationen nachgehen, an die sie gelangen können. Zusammen mit

meiner Freundin werde ich dasselbe tun. Mit unseren persönlichen Kenntnissen, mit Aktenrecherche und mit dem, was durch Medien publik wurde, werden wir den Verlauf der maßgeblichen zehn Jahre rekonstruieren.
Wir werden so arbeiten wie wir es gehalten haben, als sie noch lebte. Sie, die Dritte von uns, die vor kurzem verstorben ist. Sie hatte sich in Kalfs Geschäfte verwickelt. Bei den durchgeführten Ermittlungen überdeckten sich Dichtung und Wahrheit auf beiden Seiten. Sie hatte das Nachsehen. In ihren Abschiedsbriefen schilderte sie ihre Lage nach Auskunft des Staatsanwalts verzweifelt und beendete ihr Leben selbst. Sie ist nicht die einzige. Es gibt sicher noch zwei weitere Personen, die nicht nur Haus und Geld verloren, sondern wie sie, ihr Leben durch Selbstmord beendeten oder aus Verzweiflung starben.
Ich habe gelesen, berichtet meine Freundin, dass die Krankheit, die ihre Persönlichkeit destabilisierte, zu einer Modediagnose geworden ist. Fünfzehn Prozent der Menschen in psychiatrischen Kliniken werden als Borderline-Patienten eingestuft. Nach neuesten psychiatrischen Studien reagiert bei den Betroffenen der Mandelkern, eine für die Verarbeitung von Gefühlen zuständige Struktur im Großhirn, auf negative emotionale Reize empfindlicher als bei gesunden Menschen.
Mandelkern, wundert sich meine Freundin. Ist diese Bezeichnung aus der Assoziation mit Süße und Bitterkeit entstanden?
Die Bezeichnung entstand wegen der äußeren Form des Hirnabschnitts. Mit deiner ersten Vermutung liegst du trotzdem nicht falsch. Die emotionale Überempfindlichkeit trifft die Betroffenen ohne sichtbare Warnung, wie auch die bittere Mandel äußerlich nicht zu erkennen ist. Die Patienten sind eine extreme Herausforderung für Therapeuten, die versuchen, mit ihren Patienten Techniken zu trainieren, die das selbstzerstörerische Verhalten zwischen Fakten und Fiktionen überwinden helfen soll. Sie hätte diese Therapie schon als junges Mädchen gebraucht, als sich diese Symptome zum ersten Mal bei ihr zeigten. Von Anfang an reagierte sie auf persönliche Niederlagen mit Selbstmordversuchen, die sie in der Nachschau nicht mehr wahrhaben wollte. Jetzt werden diese Patienten nicht mehr als Simulanten bezeichnet, wie wir das

in den psychiatrischen Gutachten über sie lesen konnten. Vor allem Gerichtsgutachter urteilten so.
Erstens gab es zu der Zeit, als sie lebte, noch nicht diese Therapie, bemerkt meine Freundin. Und zweitens formulierte der Gerichtsgutachter im Gegensatz zum Privatgutachter gerichtskonform. Außerdem geschah ihre Beurteilung bereits vorab in der Öffentlichkeit. Nicht existierende Sachverhalte wurden zu Tatsachen gemacht. Er hatte den Nutzen. Er blieb ungeschoren.
Er ist Kalf.
Ich kenne einige Personen, die daran höchstes Interesse hatten.
Nicht alles kann gesagt werden, erwidere ich. Einiges wird unausgesprochen bleiben. Das Übrige werden wir in dieser Geschichte erzählen.
Wer wusste von Nelke, mit dem alles begann? Oder von Tulpe oder Rose? Rose, Tulpe, Nelke, Namen tun nichts zur Sache, Schuldige müssen geschützt werden. Beginnen wir mit dem, den wir Rose nennen. Der deutschstämmige, mit einem kanadischen Pass ausgestattete Rose gründete in Deutschland eine Gesellschaft mit beschränkter Haftung. Gegenstand des Unternehmens war Planung und Beratung bei finanziellen Transaktionen sowie Aufnahme, Handel und Vermittlung von Beteiligungen an Wirtschaftsunternehmen und die Durchführung von Kapitalanlagen im eigenen Namen und für Dritte. Das eingezahlte Stammkapital der Gesellschaft betrug, sagen wir, fünfhunderttausend Mark. Die Stammeinlagen wurden im weiteren Verlauf von einer schweizerischen Gesellschaft übernommen, an der Tulpe und Rose beteiligt waren. Neben Rose wurden zwei weitere Geschäftsführer bestellt, die nach einigen Monaten ihr Amt niederlegten und ihre Anteile mit Gewinn an Rose verkauften. Ein Jahr nach Gründung der Gesellschaft war Rose alleiniger Geschäftsführer der Gesellschaft. Der Gegenstand des Unternehmens wurde mit notariellem Vertrag auf die im Zusammenhang mit dem Unternehmen im eigenen Namen durchzuführenden Dienstleistungen erweitert. Zwei neue Geschäftsführer wurden benannt. Nelke wurde Kundenberater bei Rose.
Nach knapp zwei Jahren trat Rose und ein weiterer Geschäftsführer zurück, nach fünf Monaten legte der dritte Geschäftsführer sein Amt nieder. Mit Gesellschafterbeschluss wurde der Kundenberater Nelke neuer Gesellschafter

der Gesellschaft. Nelke erwarb die Geschäftsanteile der Gesellschaft von Rose zu einem Kaufpreis von einer Mark und bestellte sich mit der entsprechenden Eintragung im Handelsregister zum alleinigen Geschäftsführer der Gesellschaft. Rose trat mit einer unterzeichneten Erklärung sämtliche Forderungen, die ihm gegen die Firma zustanden und bis zum genannten Datum entstanden waren, an Nelke ab. Über diese Abtretung vereinbarten Rose und Nelke Stillschweigen gegenüber Dritten.

Gleichzeitig mit seinem Rücktritt als Geschäftsführer wurde zwischen der Firma und Rose ein Beratungsvertrag geschlossen. Auf Grund dieses Vertrags sollte Rose der Firma jeweils nach Notwendigkeit seine Dienste als Berater zur Verfügung stellen. Seine Dienstleistungen sollten vier Punkte umfassen, also erstens die Beratung bei geschäftlichen Transaktionen, die den amerikanischen und kanadischen Aktienmarkt betreffen, zweitens die Herstellung und Pflege von Kontakten zu Personen, die im amerikanischen Börsengeschäft tätig sind, drittens die Beobachtung des amerikanischen und kanadischen Aktienmarkts und viertens damit verbunden die Empfehlung bestimmter Handlungs- und Verhaltensweisen. Rose sollte für seine Tätigkeit ein monatliches Honorar erhalten und dieses Vertragsverhältnis sollte frühestens nach zwei Jahren gekündigt werden können.

Zeitgleich machte Nelke die Bekanntschaft von Kalf, der seinerseits in seinem Umfeld eine eigene Anlegergruppe gründete.

Während seines Aufstiegs vom Kundenberater in Diensten von Rose zum alleinigen Geschäftsführer gründete Nelke auf eigene Initiative eine neue Finanzfirma mit Sitz in Liberia. Als Geschäftsführer wurden drei Direktoren liberianischer Nationalität bestimmt. Ein Geschäftszweck dieser Firma bestand in der Weiterleitung der von der Anlegergruppe Kalf zur Verfügung gestellten Gelder. Kalf wurde auf einer außerordentlichen Aktionärsversammlung als Direktor, Präsident und Schatzmeister der von Nelke gegründeten Firma bestellt. Für die Firma mit Firmensitz in Liberia eröffnete Kalf im europäischen Ausland ein Firmenkonto mit mehreren Unterkonten auf den Namen dieser Firma. Für Transaktionen auf diesen Konten war Kalf allein verfügungsberechtigt.

Kalf gründete zwei weitere Finanzfirmen mit ähnlich klingenden Firmennamen, für die er keine eigenen Firmenkonten eröffnete. Ein- und Auszahlungen für diese Firmen wurden ohne weitere Vereinbarung über das Konto der Firma mit Sitz in Liberia abgewickelt. Für eine dieser neu gegründeten Firmen eröffnete Kalf ein weiteres Firmenkonto im Inland unter dem entsprechenden Firmennamen. Auch über dieses Konto war Kalf allein verfügungsberechtigt. Nelkes Namen als seinen Geschäftspartner hielt Kalf unter Verschluss. Nur wenige Menschen wussten von den Geschäften, die beide betrieben. Zu denen, die Bescheid wussten, gehörten zwei oder drei Banker und Steuerberater, die bei der inländischen Firmengründung und der Kontoeröffnung bei einer deutschen Großbank anwesend waren.

Dass Nelke irgendwann mit Kalf zusammentreffen wird, war fast logisch. Kalf hatte sich einen Namen gemacht in der Organisation von Veranstaltungen im Showbusiness. Auf diesen Events traf sich, was Rang und Namen hatte in Politik, Wirtschaft, Presse und Sport, was einen Namen hatte im Landkreis und wer sich einen Namen machen wollte. Nelke erkannte sofort, dass Kalf sein Mann ist. Bis jetzt versorgte Nelke lediglich den Norden des Landes mit seinen Angeboten. Obwohl er erst eine kurze Zeitspanne tätig war, lief das Geschäft problemlos. Deshalb hoffte er, einen Partner für den brach liegenden südlichen Landesteil zu finden. Kalf kam ihm wie gerufen. Mit Kalf konnte er Geschäfte auf die Art und Weise machen, wie er es bei Rose gelernt hatte. Das spürte er sofort, schon bei der ersten vorsichtigen Offenlegung seiner Geschäftspraktiken erkannte Nelke, dass dieser Kalf sein Partner werden wird. Kalfs Andeutungen über die eigenen Geschäfte im Showgeschäft zeigten die gleiche Ausrichtung wie Nelkes Kapitalanlagegeschäft. Ideal werden sie sich ergänzen.

Kalf begriff selbst sofort seine Chance und willigte ein.

Nelke und Kalf arbeiten zusammen zwei Jahre lang erfolgreich. Etwa ein halbes Jahr bevor Nelke verhaftet wird, stehen Staatsanwalt, Kriminalpolizisten und Steuerfahnder vor beider Haustüren. Dann wird Nelke wegen angenommener Fluchtgefahr und wegen Verdunkelungsgefahr in Untersuchungshaft genommen. Gegen Kalf wird weiter ermittelt. Kalf wird nicht flüchten. Dafür ist sein Kopf zu bekannt. Seine zu diesem Zeitpunkt noch rechtzeitige Inhaftierung wäre eine Chance für viele Betrogene gewesen, den Betrug in Kalfs Geschäften zu erkennen. Kalf kommt nicht in Untersuchungshaft. Kalf ist weiter tätig.

Steht nicht irgendwo etwas geschrieben von der Pflicht des Gesetzgebers und der ausführenden Organe, Bürger vor Betrügern zu schützen?

Für mich, sagt meine Freundin, ist die Kalf gegenüber gezeigte Blauäugigkeit geradezu eine Aufforderung für einen Betrüger und dafür, seine Beute noch zur rechten Zeit zu sichern. Der Nachweis für diese Behauptung wird geführt werden. Eine umfassende Aufklärung dieser Betrugsgeschichte wurde nicht betrieben. Der Verlauf der Ermittlungen gegen Kalf erlaubt diese Schlussfolgerung.

II. Kleiner Köder für Millionen

Im Zusammenhang mit der Inhaftierung von Nelke kommt Kalf erstmals mit Kapitalanlagebetrugsgeschäften in den Medien ins Gerede. Ein Wirtschaftsmagazin berichtet über dubiose Geldanlagen, die Nelke und Kalf zusammen beworben und vertrieben haben sollen. Dazu war mit einigen Kunden eine Interessengemeinschaft gegründet worden. Nelke und Kalf schweigen beharrlich über ihre Geschäfte.
Die Rede ist vom Handel mit entweder wertlosen und oder nicht existierenden kanadischen Penny Stocks. Angeboten wurden Geldanlagen mit Renditen von bis zu vierzig Prozent, die anfänglich, zumindest laut vorhandener Kontoauszüge, ausbezahlt wurden und solange der Nachschub von Kapitalgebern floss. Kalf erscheint mit zwei Millionen Mark auf Nelkes Kundenliste. Nelke und Kalf genossen Ansehen, auch bei hiesigen Bankhäusern. Ungefähr fünfhundert Kunden sollen um schätzungsweise einhundert Millionen Mark geprellt worden sein. Lediglich einige der Geschädigten stellten bis jetzt Strafanträge, was auf den Einsatz von Schwarzgeld schließen lässt. Nach Nelkes Inhaftierung versuchen Wirtschaftsfahnder, die verschwundenen Millionen aufzustöbern.
In Boulevardblättern erscheinen gleichlautende Berichte. Kalf bestreitet aber, dass er die genannten zwei Millionen Mark nicht zurückbekommen hat. Seine Millionen wurden ihm bis auf ein paar Mark zurückgezahlt. Kalf betont, dass er sich nicht geschädigt fühlt und er deshalb Nelke nicht angezeigt hat.
Die für seinen Landkreis zuständige regionale Tageszeitung berichtet weder über die Inhaftierung von Nelke noch über eine Beteiligung von Kalf. Das überrascht uns. Kalf ist in der Region ansonsten bekannt wie ein bunter Hund. Normalerweise wird sich kein Journalist eine solche Geschichte entgehen lassen.
Wessen Interessen sind im Spiel? Aus seiner Region berichtet lediglich ein kleines Wochenblättchen zwei Monate später. Die Meldung bezieht sich auf das Wirtschaftsmagazin und betont Kalfs mögliche Beteiligung am

Anlagebetrugsgeschäft. Danach war Kalf nicht nur Kunde sondern auch Vermittler auf Provisionsbasis. Im Bericht dieses Blättchens bestreitet Kalf Freundschaft und Geschäftsbeziehung zum inhaftierten Nelke. Der Mann ist nicht mehr als einer seiner unzähligen Bekannten, behauptet Kalf. Dieser Aussage widersprechend wird in dem Artikel von gegenseitigen Werbeaktionen berichtet. Weiter bestreitet Kalf jede Kenntnis von Penny Stocks oder von sonstigen Aktien. Kalf bezeichnet alles, was über ihn geschrieben wird, als Unverschämtheit. Er betont, dass er nichts zu verheimlichen und nichts zu verbergen hat.

Nach den Überschriften, wundert sich meine Freundin, wird Kalf in allen Zeitungen zu diesem Zeitpunkt als Betrogener gesehen, nicht als Betrüger. Diese Tendenz wird dem Leser vermittelt. Lediglich das Wirtschaftsmagazin lässt diese Frage offen. Außerdem fragen wir uns, wieso die in seiner Kreisstadt erscheinende Tageszeitung eine Meldung über Kalf und diesen Millionenbetrug gänzlich unter den Tisch fallen ließ. Denn ein halbes Jahr später berichtet diese Zeitung über eine Kokainaffäre eines Kollegen aus seiner Branche. Mit einem ausführlichen Bericht zwei Tage vor dem Prozess beginnend, wird vierzehn Tage lang über diesen Prozess geschrieben, auch darüber, dass Kalf als Zeuge für seinen Kollegen aussagt. Der Kollege wird zu einer Bewährungsstrafe verurteilt und verliert die Konzession für sein Geschäft. Sein Freund Kalf, so ist zu lesen, übernimmt für diesen die Geschäftsführung des Betriebs.

Lies den Namen des Anwalts, der für den Kollegen tätig war und schau dir dann dieses Blatt Papier an! Lies, sage ich zu meiner Freundin und halte ihr das Papier unter die Nase.

Als sie die letzte der zwölf Seiten bis zur beglaubigten Unterschrift des Verfassers gelesen hat, blättert sie eine Seite zurück und deutet auf einen Satz. Kalf, so schreibt der Anwalt, erwähnt eine vermögende Dame, die bereit ist, ihm aus der Klemme, wie er das nennt, zu helfen.

Das ist ein Hinweis, dass Kalf zu diesem Zeitpunkt bewusst ist, dass er das von seinen Anlegern vereinnahmte Geld nur mit dem Geld anderer Leute zurück zahlen kann, sagt meine Freundin.

Zwischen den Zeilen steht das hier geschrieben.
Darauf gibt es noch mehrere Hinweise in diesen Seiten.
Satz für Satz lesen wir das Schriftstück genau und erfahren Konkretes über Kalfs Geschäft. Drei Jahre bevor der Anwalt den Ablauf der Anlagegeschäfte mit Nelke und Kalf niederschreibt, erhält Kalf einen Verrechnungsscheck über eine Million Mark zur Anlage.
Wie kam der Anwalt an Kalf, fragt meine Freundin.
Einer seiner Mandanten brachte den Anwalt mit Kalf zusammen. Der Anwalt berichtet von einem gewinnträchtigen Geschäft, das er seinem Mandanten vermittelt hatte. Der Mandant versprach dem Anwalt bereits im Vorfeld des erwähnten Geschäfts, sich als Anerkennung für die Aufnahme des Anwalts in einen kleinen exklusiven Kreis von Kapitalanlegern einzusetzen. Kalf ist der maßgebliche Mann dafür. Kalf muss gefragt werden, sagt der Mandant. Der Mandant ist Betriebswirt.
Bei dem folgenden Gespräch zwischen dem Anwalt, dem Betriebswirt und Kalf stimmte Kalf grundsätzlich zu, dass auch der Anwalt im Rahmen dieser einzigartigen Kapitalanlagemöglichkeit investieren darf.
Kalf wird sich ins Fäustchen gelacht haben. Solche Leute brauchte er als Geldgeber. Millionäre mussten nicht mehr gesucht werden, wenn die Leute von selbst ihre Teilnahme am Geschäft anboten. Das Angebot musste nur warm gehalten und unter die zweihundertfünfzig Vermögensmillionäre gebracht werden, die es in seinem Landkreis nach amtlicher Rechnung gab. So jemand wie der Anwalt war schon die Zugabe ohne Aufwand.
Ernsthaft erklärte Kalf dem Anwalt auf dessen Nachfrage nach der Art der Kapitalanlage, dass es sich bei dem Angebot um äußerst seriöse Wertpapiergeschäfte handelt. Im Einzelnen sagte Kalf, dass Wertpapiere zu bestimmten Kurswerten angeschafft werden und gleichzeitig namhafte, international tätige Banken verbindliche Angebote auf Übernahme dieser Wertpapiere nach Ablauf bestimmter Zeiträume mit einem von vorne herein fixierten Kurs abgeben. Diese Wertpapiergeschäfte sind bankgesichert, betonte Kalf und stellen keinerlei Risiko dar. Die Geschäfte dienen der Kurspflege. Kalf versicherte dem Anwalt, dass er bei diesem Geschäft sein ganzes Vermögen

investieren und einzigartige Renditen erwirtschaften kann. Er selbst, Kalf zeigte auf sich als Beispiel, auch er selbst hat in diesem Geschäft Geld angelegt und dabei seit Jahren ein Vermögen verdient.
Obwohl diese Aussage des Kalf ohne Fakten nichts Verbindliches besagte, floss am gleichen Tag die erste Million. Kalf erhielt zum Zweck der Kapitalanlage diesen ersten Verrechnungsscheck über eine Million Mark. Danach versprach er dem Anwalt, Unterlagen und Nachweise über die gekauften Wertpapiere und über das Ergebnis des Geschäfts zu besorgen. Drei Monate später folgte die zweite Millionengabe. Der Anwalt überwies von seinem Konto zwei Millionen Mark auf eines von Kalfs Firmenkonten bei einer inländischen Großbank. Betrag und Kontoverbindung erfuhr der Anwalt von seinem Mandanten, der diese Informationen von Kalf erhalten hatte.
Ohne vorher weitere Auskünfte geben zu müssen, hatte Kalf drei Millionen Mark erhalten.
Nach vier Monaten erhielt der Anwalt die erste seiner eingezahlten Millionen und den Kursgewinn zurück. Kalf überreichte dem neuen Anleger die Million und den angekündigten Kursgewinn bar in die Hand. Durch die Barauszahlung konnte der Geldtransfer beschleunigt und der bankenübliche Wertstellungszeitraum vermieden werden, sagte Kalf.
Damit war der Köder gelegt. Der Anwalt monierte zwar erneut die nicht übergebenen schriftlichen Nachweise und Quittungen. Angesichts dessen aber, dass das Geschäft innerhalb von weniger als sechs Monaten abgewickelt wurde und so in jedem Fall einkommensteuerpflichtig war, bestand der Anwalt nicht auf der fehlenden Information. Jetzt musste der Mann nicht weiter überzeugt werden. Nach vierzehn Tagen überwies er die vierte Million auf das bereits bekannte Konto. Wieder teilte ihm vorab sein Mandant, der Betriebswirt, die Möglichkeit der Anlage, der erwarteten Konditionen, der Laufzeit und der Betragshöhe, die jeweils von Kalf genannt wurden, mit.
Als der Anwalt seine Aufzeichnung unterschrieb, hatte der Betriebswirt vierzehn Tage vorher das gleiche getan. Hier ist dessen Darstellung über die von Nelke und Kalf betriebenen Anlagegeschäfte. Ich gebe meiner Freundin die sieben Seiten.

Was war denn die Ursache für diese Aussagen der beiden Männer, fragt sie sich. Immerhin demonstrieren die Unterlagen eine nicht gerade rühmliche Rolle für einen promovierten Betriebswirt und einen Wirtschaftsanwalt in diesem Kapitalgeschäft. Und bisher, das heißt drei Jahre lang, hatten beide keine Anzeige erstattet.
Natürlich hätten der Betriebswirt und der Anwalt gerne weiter geschwiegen. Da bin ich mir sicher. Der Anlass für die beiden Kapitalgeber, diese Geschäfte offen zu legen, war die Verhaftung von Nelke und die Spur zu Kalf. Bei den Ermittlungen wurden in Nelkes Unterlagen Hinweise auf den Betriebswirt und den Anwalt und die Verbindung zu Kalf entdeckt. Daraufhin wurde gegen Kalf ermittelt und der Verdacht des Anlagebetrugs mit Schneeballgeschäften erhärtete sich. Der Mandant und sein Anwalt hatten sowohl bei Kalf als auch bei Nelke angelegt. Und beide gehörten zu den auffallendsten weil größten Geldgebern.
Auch das war aus den bis dahin aufgefundenen Unterlagen ersichtlich.
Der Betriebswirt hatte ein Jahr vor dem Anwalt zuerst bei Kalf und später dann bei Nelke angelegt. Danach arbeitete Kalf nicht nur mit Nelke zusammen, sondern er betrieb allein eigene Geschäfte mit eigenen Firmen und über eigene Konten. Das zeigen die Kontoauszüge eindeutig. Fraglich ist, wann die Anleger diese juristisch wichtige Tatsache wissen konnten und ob überhaupt. Jedenfalls hatte der Betriebswirt Kalf bis zum Einstieg des Rechtsanwalts bereits eineinhalb Millionen Mark überlassen. Das kannst du hier lesen.
Der Betriebswirt hatte doch sicherlich Informationsmöglichkeiten, noch dazu als reicher Mensch, wundert sich meine Freundin. Gibt es eine Erklärung dafür, dass der Mann von Anfang an und dann wiederholt jede Vorsicht außer Acht ließ?
In seiner Erklärung schildert der Betriebswirt das Vorgehen von Kalf. Für diesen Kunden war Kalf sogar bereit, zunächst selbsttätig zu investieren. Kalf ließ sich das ein paar Tausender kosten, antworte ich.
Heißt das, dass Kalf sich den Betriebswirt kaufte?
So kann man das nennen. Gelegenheiten für Fischzüge boten sich bei seinen Veranstaltungen. Kalf nahm, was kam. Man traf sich hin und wieder in noblen

Restaurants und Hotels. Den Betriebswirt kannte Kalf zwei Jahre lang, in denen nichts passierte. Dann startete Kalf gezielt. Zweimal warf er die Angel, dann hatte er den Betriebswirt im Netz. Kalf wusste, wie er seine Geldanlagen schmackhaft machen wird. Der Betriebswirt war ein Anleger, den er auf diese Weise fing. Kalf erklärte, dass es sich weder um Warentermingeschäfte, noch um Devisengeschäfte handelt. Es geht um abgesicherte Wertpapiergeschäfte, versichert Kalf, bei denen es kein Risiko gibt. Die Papiere, sagte Kalf, werden durch junge, gut gehende Unternehmen in sicheren Branchen ausgegeben. Kurssteigerungen sind in kürzester Zeit zu erwarten. Renditen von zwanzig bis dreißig Prozent pro Jahr oder mehr sind dabei normal.

Grundsätzlich zeigte sich der Betriebswirt interessiert, wollte aber doch zuerst Fakten sehen. Kalf erkannte, dass das Geschäft mit diesem Kunden so möglicherweise nicht funktionieren wird. Zumindest aber war ein Anfang gemacht. Er brauchte nur den handfesten Anreiz, an dem der Betriebswirt anbeißen konnte. Beim nächsten Zusammentreffen zwei Monate später ging Kalf ins Volle. Er griff sich in die Hosentasche und zählte aus einem Bündel Tausendmarkscheine dem Mann viertausend Mark auf seinen Tisch. Erklärend sagte Kalf dem verdutzten Betriebswirt, dass er für ihn zwanzigtausend Mark angelegt hat, um ihm die konkreten Möglichkeiten zu demonstrieren, die in seinem Anlageangebot liegen. Die viertausend Mark sind das Ergebnis dieses Deals. Zwanzig Prozent Rendite innerhalb von zwei Monaten.

Und der Betriebswirt nahm das Geld, das Kalf ihm gab, erstaunt und erfreut zugleich.

Für die Zukunft bot Kalf ähnlich gute Geschäfte. Diese Deals, sagte er, werden über einen guten Freund abgewickelt. Risikofaktoren sind, wie schon gesagt, nicht vorhanden. Er arbeitet schon fünf Jahre ohne Ausfall mit seinem Partner zusammen. Nicht nur seine Freundin, sondern auch seine Familie gehört seit Jahren zum Kundenstamm seiner Anleger, die mit Erfolg und hohen Renditen Geld anlegen.

Weiter geschah zunächst nichts. Kalf ließ vier Wochen vergehen. Er arrangierte ein weiteres Treffen. Dann wiederholte Kalf schlicht das, was er beim ersten Mal gemachte hatte. Kalf legte dazu unvermittelt weitere viertausend Mark auf den Tisch. Als letzte Zinszahlung auf das vom Betriebswirt überhaupt nicht eingesetzte Kapital. Als Morgengabe für alles Kommende.

Damit waren die Würfel gefallen.

Drei Wochen später offerierte Kalf einen Deal auf vier Wochen mit zehn Prozent Rendite für fünfhunderttausend Mark. Der Betriebswirt überwies eine halbe Million Mark auf das Konto von Kalf bei einer inländischen Großbank. Kapital und Zinsen wurden pünktlich zurückgezahlt. Der Betriebswirt erhielt, wie einige Monate später der Anwalt, sein erstes eingesetztes Kapital plus Zinsen auf Heller und Pfennig termingerecht zurück. Bar auf die Hand. Da das Geschäft funktioniert und sich rentiert hatte, war alles andere nicht mehr von Interesse.

Für Kalf eröffneten sich goldene Zeiten.

Fünf Monate später überwies der Betriebswirt eine Million Mark, zwei Monate später vier Millionen Mark und der Anwalt überwies, wie wir wissen, seine erste Million, kurz darauf weitere Millionen.

Wir stellen fest, dass auf ein Konto von Kalf innerhalb von sechs Monaten neuneinhalb Millionen Mark überwiesen wurden und Kalf nur eineinhalb Millionen zurückzahlte. Woher Kalf diese eineinhalb Millionen Mark nahm, ist zunächst unbekannt. Kalf überwies nicht, Kalf zahlte in bar zurück. Die Herkunft dieser eineinhalb Millionen blieb vorerst sein Geheimnis. Acht Millionen verschwanden irgendwohin.

So wurden der Betriebswirt und sein Anwalt Anleger bei Kalf.

Gibt es einen Nachweis über eine Weiterleitung aller von Kalf eingenommenen Anlagegelder an seinen Partner?

Nach den Gründungsunterlagen sollten die auf dieses Konto von der Anlegergruppe Kalf eingezahlten Kundengelder an Nelke weitergeleitet werden.

Und gibt es einen Nachweis über die Verwendung der Millionen?

Wurden Aktien gekauft?

Wenn ja, welche Aktien wurden gekauft?

Gibt es Verträge?

Wir werden versuchen, aus dem uns vorliegenden Material Klarheit zu schaffen.

III. Bares ist Wahres

Beginnen wir mit Nelkes Geschäften.

Anfänglich bestand seine Tätigkeit im bloßen An- und Verkauf kanadischer und US-amerikanischer Billigaktien. Dann wurden neben den Kaufaufträgen auch Rückkaufgarantien in konkreter Form gegenüber Kunden abgegeben.

Nelke tätigte sowohl Aktiengeschäfte über diverse Broker an Börsen als auch Eigengeschäfte außerhalb der Börsen. Er handelte im Wesentlichen mit fünfzehn Aktien unterschiedlicher Unternehmen. Der Verkauf einzelner Aktiengattungen war in bestimmten Zeiträumen favorisiert. Laut ermittelter Unterlagen kaufte und verkaufte er über einen Zeitraum von zwölf Monaten Aktien der Firma Asiamerica Equities Ltd., sechs Monate Aktien der Firmen Intl. Equity Ltd., Societe Louvem und Strategic Abstruct & Title CP, fünf Monate PLC Systems Inc., Noranda Resources und Ste. Genevieve Resources. Im Jahr seiner Verhaftung verkaufte er noch Aktien der Firmen Napier Intl.Tech. Inc., Aur Resources und Unilens Optical. Wir lesen die Firmennamen Gold Vessels Res., Telephonie, Unilens Opt./Unilens Vision Inc., Vananda Gold, Inter-United Foods/Müller Medical Intl. Inc., 3-D Systems Inc., Pineridge Res./Pineridge Cap. Group.

Um möglichst zahlreiche Anleger zu gewinnen und bereits Gewonnene zur Wiederanlage der ursprünglichen Anlagesumme plus fiktiver Gewinne zu veranlassen, garantierte er, verbunden mit einer Gewinnzusage, den Rückfluss des Kapitals und bediente Auszahlungsbegehren mit den aus anderen Verträgen eingenommenen oder eingehenden Geldern bei Fälligkeit. Diese Garantien geben zu können, begründete Nelke auf Nachfrage mit seinen speziellen Kenntnissen des Marktes.

Fünf Jahre bevor diese Fakten über Nelke ermittelt worden waren, verkaufte Kalf dem Betriebswirt und dessen Anwalt seine Geschichte.

Kalf gab sich als Macher. Nicht anders wie bei seinen Showveranstaltungen. Kalf machte alles. Für Geld war er für jedes Geschäft zu haben. Kalfs Interesse galt nur dem Geldsammeln. Seine Beteuerungen über bald vorhandene

Unterlagen über die Geschäfte beendete er regelmäßig mit der allgemein geäußerten Feststellung, dass die Kapitalanlagen absolut sicher sind und deshalb Unterlagen darüber nicht entscheidend. Kalf lobte einen maßgeblichen Broker, der an der New Yorker Börse den dritten Platz besetzt. Der kommt schneller als alle anderen an einzigartige und sensationelle Informationen, versicherte Kalf. Alles mit Kalf war sensationell.

Kalf nahm Geld, oft in bar. Kalf sorgte für Neukunden und besorgte neues Geld. Kalf gab Geld, meist in bar. Das Geschäft funktionierte in diesem Kreislauf. Niemand außer Kalf kannte zu diesem Zeitpunkt Nelkes langjährige Zusammenarbeit mit Kalf. Keiner misstraute Kalf.

Bis Kalfs Kunden nicht mehr im Kreis liefen.

Kalf musste sich vorsehen.

Einige aus seiner Kundschaft brauchten jetzt besondere Behandlung, das war ihm klar. Den Rest wird er aussitzen können. Zu den einigen zählten der Betriebswirt und dessen Anwalt.

Also teilte Kalf dem Betriebswirt und dem Anwalt mit, dass er mit einem gewissen Nelke zusammenarbeitet. Zwei Jahre hatte Kalf dicht gehalten. Zwei Jahre stand für jeden nur Kalf als derjenige zur Verfügung, der alle zu Millionären macht. Das sagte Kalf. Zwei Jahre sammelte Kalf Millionen.

Ein halbes Jahr, bevor Nelke verhaftet wurde, nannte Kalf dann dessen Namen. Nelke hat alle Millionen, sagte er.

Kalf wusste, dass er bald einen Schuldigen brauchen wird.

Jetzt arrangierte Kalf ein Treffen mit Nelke.

Der Betriebswirt und der Anwalt machten dessen Bekanntschaft. Nelke eröffnete mit der Feststellung, dass das insgesamt eingesetzte Kapital in spätestens sechs Wochen zur Verfügung steht. Lediglich organisatorische Gründe verzögerten die Verflüssigung der Wertpapiere.

Nelkes Worte! Wer ist Nelke?

Wie Kalf sagte auch Nelke nichts Konkretes.

Außer erneuten, von Nelke mehrfach am Telefon geäußerten Versicherungen ereignete sich nichts weiter. Daraufhin besuchte der Anwalt Nelke erstmals in

seinem Büro, in der Hoffnung, den Weg der angelegten Millionen dort schwarz auf weiß nachvollziehen zu können.
Geschäftig zeigte Nelke am Bildschirm eines Computers ein sich ständig veränderndes Zahlenwirrwarr. Auf die Frage nach der Quelle dieser Informationen erklärte Nelke diese als Standleitung zu den Börsen in Kanada, USA und Japan. Dem Anwalt riet er, sich mit den gesehenen Zahlen nicht genauer zu beschäftigen, da diese sowieso unverständlich sind. Nicht einmal eingeweihte Banker in Deutschland kennen sich damit aus. Er aber weiß, dass lediglich derzeit ungünstige Börsennotierungen den schleppenden Abverkauf der Wertpapiere verursachen. Das ist zu beachten. So läuft das Geschäft in unserem Interesse. Ein schneller Verkauf liegt nicht in unserem Interesse. Ein langsamer und kontinuierlicher Verkauf hält den Kurs. So lautete Nelkes erste Version. Damit bleibt das eingesetzte Kapital ebenso verfügbar wie die erwarteten Gewinne erzielt werden. Die Millionen liegen sicher, betonte Nelke.
Im Verlauf dieser Präsentation klingelte permanent das Telefon. Der Eindruck von hektischer Betriebsamkeit entstand. Nelke telefonierte zwischendurch ständig. Offenbar erkundigten sich zahllose andere Gläubiger genau so wie der Anwalt nach der Rückzahlung der angelegten Geldbeträge. Dem Anwalt wurde klar, dass die Deals nicht die von Kalf angekündigten Eigenschaften hatten.
Nelke blieb jedoch bei seiner Ankündigung, dass er das Geld nahezu stündlich erwartet. Fünfzehn Millionen Mark liegen zur Abholung reserviert bei der Landeszentralbank. Er wird das Geld umgehend sowohl beim Anwalt als auch beim Betriebswirt persönlich vorbeibringen.
Die Bemühungen des Anwalts um Aufklärung und Geld verliefen erfolglos.
Trotzdem wagte Nelke einen Versuch, den Betriebswirt zu einer weiteren Geldanlage nun direkt bei ihm selbst zu bewegen. Gegen die Gewährung eines Darlehens von zehn Millionen Mark bot Nelke als Sicherheit ein Wertpapierdepot bei der Charter Bank And Trust Ltd. mit Sitz in Antigua. Das Wertpapierdepot repräsentiert einen Kurswert von derzeit ungefähr dreizehn Millionen US-Dollar, versicherte Nelke.
Der Betriebswirt beauftragte den Anwalt, sich darum zu kümmern.
Nelke reaktivierte Tulpe. Tulpe erschien auf der Bildfläche.

Nelke stellte ihn als Alleinvertretungsberechtigten der Bank mit Sitz in Antigua vor und überließ dem Betriebswirt Tulpes Telefonnummer. Der Betriebswirt erreichte Tulpe in Kanada. Ein Mann mit österreichischem Akzent bestätigte die Existenz der Bank und des Wertpapierdepots. Der Mann bestätigte ferner dessen Werthaltigkeit und teilte mit, dass es ohne weiteres möglich ist, über dieses Depot einen Treuhandvertrag abzuschließen. Das Depot liegt bis zum genannten Datum fest, was besagt, dass bis zu diesem Zeitpunkt keine Wertpapiere daraus liquidiert werden können. Der Anleger wird durch den Vertrag zum allein berechtigten Inhaber des Depots, wie es Nelke angeboten hat. Tulpe bestätigte Nelke.
Tulpe schickte umgehend sein Bestätigungsschreiben als Generaldirektor der Bank und Depotauszüge eines Aktiendepots in Höhe von rund zwölf Millionen US-Dollar. Zusätzlich wurde die Echtheit des Depots von einer Kanzlei in Kanada bestätigt. Nelke drängte. Er bezeichnete dieses Geschäft als unabdingbar für das Bestehen und die Aufrechterhaltung seiner Verbindungen und Linien. Bis jetzt ist kein Pfennig verloren. Die Probleme sind darauf zurückzuführen, dass ein früherer Partner, von dem er sich getrennt hat, die besseren Verbindungen zu amerikanischen Brokern nützt, um Wertpapiere rechtswidrig zurückzuhalten. Nelke nannte Rose. Er wird durch dessen Verhalten stark unter Druck gesetzt und gezwungen, die Aktien zu Billigkursen zu verkaufen. Das war Nelkes zweite Version.
Ich bin nicht der einzige, dem das passiert, sagte Nelke. Anderen Brokern ergeht es ähnlich. Ich werde mich diesem Druck nicht beugen. Ich will keinen Verlust erwirtschaften. Einige Leute werden aber nicht länger warten und drohen mit Strafanzeigen. Auch wenn dafür keinerlei Grund besteht, wollte Nelke eine Gerüchtelawine vermeiden. Sonst ist alles verloren. Für lediglich zwei Millionen Mark kann das verhindert werden. Alle Gläubiger sind dann vertragsgemäß bedient, sagte Nelke, und er ist nicht mehr erpressbar. Alle gegen ihn gerichteten feindlichen Aktionen sind beendet, beschwor Nelke, da nur noch drei Anleger bleiben. Nelke nannte Kalf, den Betriebswirt und den Anwalt.

Kalf mischte sich ein. Dieses Geschäft ist absolut und hundertprozentig sicher. Es ist deshalb absurd, die ganze Sache wegen zwei Millionen Mark in Gefahr zu bringen. Eine entsprechende Beweglichkeit muss gezeigt werden, ereiferte sich Kalf.

Nelke und Kalf schafften es. Der Betriebswirt benachrichtigte den Anwalt. Nelke fuhr mit seinem Auto den Anwalt zur Bank. Der Anwalt erhielt den zuvor telefonisch avisierten Betrag über zwei Millionen Mark in die Hand. Der Anwalt übergab zwei Millionen Mark gegen Quittung in bar an Nelke.

Danach beauftragte der Betriebswirt ein deutsches Bankhaus, die vorliegenden Unterlagen über die genannte Bank in Antigua zu überprüfen, was einige Zeit dauerte. Bevor die Bank aussagefähige Nachrichten übermitteln konnte, meldete sich Nelke wieder bei dem Betriebswirt. Er kam in Begleitung eines Bankers. Nelke avisierte noch einen Deal. Für die Hingabe von fünf Millionen Mark steht ein Depot über fünfundsiebzig Millionen US-Dollar teilweise zur Verfügung. Nelke zeigte selbst Depotauszüge als Beweis. Dieses Geschäft wird über eine Bank in der Schweiz abgewickelt, sagte er.

Den Namen der Bank wollte Nelke nicht preisgeben. Daraufhin brach der Betriebswirt die Verhandlungen ab.

Nach Überprüfung des Depots in Antigua ergab sich, dass die Bank nicht oder nicht mehr existierte, Tulpe unbekannt ist und das Depot wertlos.

Einige Tage später wurde Nelke verhaftet.

Der Betriebswirt und der Anwalt setzten sich sofort mit Kalf in Verbindung.

Kalf hatte nur eine Information. Kalf teilte mit, dass ausschließlich Nelke für alle Geschäfte verantwortlich ist. Alle Unternehmen sind Nelkes Unternehmen. Kalf sagte, dass er stets die auf die angegebenen Konten eingezahlten Anlagegelder abgehoben und Nelke bar übergeben hat. Quittungen hierzu existieren nicht.

Weiter beteuerte Kalf, dass alle Millionen sicher vorhanden sind. Strafanzeigen gegen Nelke werden die angelegten Millionen nicht zurückbringen. Er selbst verbürgte sich für jeden Heller und Pfennig. Wenn nötig, wird er das eingesetzte Kapital aus anderen Quellen beschaffen.

Kalf der Geldsammler!

Bei den späteren Recherchen wurde ermittelt, dass erheblich mehr Aktien an Kunden verkauft wurden, als Nelkes Firma tatsächlich jemals erworben und im Bestand hatte. Die wenigen Käufe wurden im Voraus in Dollar abgerechnet. Da die Devisenkurse erheblichen Schwankungen unterliegen, bestand zu keinem Zeitpunkt die Gewähr, die Aktien zum abgerechneten Dollarkurs erwerben zu können. Eine Auswertung der Brokerkonten besagt, dass bereits im ersten Jahr seiner Geschäftstätigkeit Aktienkäufe durch Nelke nur in geringem Umfang vorgenommen wurden. Die mit den Aktienverkäufen erzielten Gelder waren bereits bei Beginn der Geschäftstätigkeit, gemessen am buchmäßigen Umsatz, von so geringer Bedeutung, dass die von Nelkes Firma an Kunden vorgenommenen Auszahlungen mit diesen Geldern nur unwesentlich hätten finanziert werden können.

Der Erwerb von Aktien durch Einschaltung von Brokern war beim Eintritt Kalfs in Nelkes Firma bedeutungslos. Ab diesem Zeitpunkt versuchte Nelke, Aktien außerhalb der Börse zu beschaffen. Nach den Unterlagen wurden nur noch Aktien der Firmen Asiamerica Equities Ltd., Strategic Abstruct & Title Corp. und PLC-Systems erworben. Hinweise darauf, wie viele Aktien tatsächlich verkauft wurden, konnten in den vorliegenden Unterlagen nicht gefunden werden. Ein die Rückzahlungsversprechen deckendes Vermögen konnte nicht festgestellt werden.

Insgesamt kann gesagt werden, dass weder über Broker noch außerhalb der Börse auch nur annähernd die Aktien erworben wurden, die nötig gewesen wären, um die aufgefundenen Kundenaufträge zu befriedigen. Nelke hatte entgegen den Kaufaufträgen nicht Aktien in Höhe von über vierundneunzig Millionen Mark sondern lediglich Aktien in Höhe von zwei Millionen Mark erworben.

Und Kalf sammelte zwei Jahre lang Millionen.

Kalf der Dealer von Schneeballgeschäften!

Da, wo er tätig wurde, hatte Kalf einen Namen. Don Cravallo wurde er von Leuten seines Fachs genannt. Sein Name im Showgeschäft war der Aufhänger für seine gesamte Kundschaft. Und der Grund dafür, dass gegen Kalf nicht sofort Betrugsanzeigen gestellt wurden, als über den Millionenbetrug eines Nelke berichtet wurde. Keiner kannte Nelke.

Erst ein Jahr später berichtete eine Boulevardzeitung über Ermittlungen auch gegen Kalf. Millionenschwere Steuerhinterziehung wurde vermutet. Und eigene Anlagegeschäfte. Kalf ließ das in einem Boulevardblatt dementieren.

Die Regionalzeitung verschwieg die Geschichte weiter. Wir lesen über organisierte Kriminalität, die bereits in den Anfängen erkannt und bekämpft werden muss. Es beginnt mit Glücksspiel und Drogenhandel, wird gesagt. Aufmacher dieses Artikels war die zuvor berichtete Kokainaffäre seines Kollegen und in diesem Zusammenhang erwähnt das Regionalblatt ein knappes Jahr später in einem Nebensatz Kalfs Bekanntschaft mit der Justiz. Wegen Verdachts der Steuerhinterziehung ins Visier der Justiz geraten. Im Nebensatz erledigte das Blatt die Berichterstattung über Kalf.

Wieder ein halbes Jahr später überschlagen sich die Meldungen über Kalf in den Boulevardblättern. Seinen Offenbarungseid verkündete eine Überschrift in dicken Lettern auf der ersten Seite. Habe hunderttausend Mark erhalten, schrieb er fünf Jahre vor dieser Meldung auf ein Papier mit seiner Unterschrift. Kalf wurde rechtskräftig zur sofortigen Rückzahlung verurteilt und offenbarte darauf seine Zahlungsunfähigkeit. Kalf steht in einem Sumpf aus Schwarzgeld, Lügen und Schulden, er ist größenwahnsinnig, wurde über ihn geschrieben. Kalf der Lügner!

Seine Pleite zog Kreise. Schulden bei Freunden, Finanzamt und Banken. Gerichtsvollzieher, Taschenpfändung, natürlich hatte er keinen Pfennig im Sack. Dann meldeten dicke Lettern seine Verurteilung wegen Untreue und Steuerbetrug. Von einem Abstecher ins Aktiengeschäft ist die Rede, VW, VEBA und Siemens, für deren Finanzierung Kalf Kredite aufnahm. Sämtliche Kredite waren nur mit seinem laut gewordenen Namen gedeckt. Sechs Millionen, alles beglichen, ließ Kalf sagen, bis auf diese läppischen einhunderttausend Mark. Keine dieser Informationen wurde für die Leser in der Regionalzeitung gemeldet. Eine möglicherweise persönliche Interessenlage bereitet uns Kopfzerbrechen. Die Betrugsereignisse um Kalf wurden den Lesern verschwiegen. Dafür wurde keine seiner Aktivitäten im Showgeschäft versäumt.

Kalf der Dampfplauderer!

Jedes Mikrophon und jede Kamera nutzte er für seine Publicity. Golfturniere, Showveranstaltungen im Fernsehen, Benefizveranstaltungen mit Prominenten, Werbeveranstaltungen. Medienrummel war sein Revier. Für Spiele rund um Sport und Brauchtum war er der gefragte Mann. Als Hans Dampf produzierte er sich in allen Gassen der Bavariade, einer Art bayerischer Olympiade mit Disziplinen wie Stockschießen, Goaßlschnalzen, Maßkrugheben, Fingerhakeln, Schafkopfen, Maibaumklettern, Stoalupfen, Hufeisenwerfen, Rangeln, Strängkatznziagn, Armdrücken, Berglauf, Seilziehen, Holzsägen, Steckaplattln, Boahakeln, Steinstoßen, Schnupfen, Stoaheben. Nicht dass er sich selbst zu irgendwelchen sportlichen Aktivitäten getrieben fühlte. Nicht dass er mitkämpfte. Nichts interessierte ihn so, dass er Vergnügen dabei empfand. Der Kommerz zog ihn an, seine Motivation war Geld, sprich Kohle um jeden Preis. Am Jahresende, so mutmaßten besagte Kenner seines Fachs, hat Kalf links vom Komma mehr als die zwanzig Besten seiner Gilde zusammen. Diese Leute glaubten das ohne Einblick in alle einundzwanzig Steuererklärungen. Keinen wird es überraschen, eines Tages in der Forbes-Liste der Reichsten zu lesen, dass Kalf der wohlhabendste Entertainer auf Erden ist. Er widersprach nicht!

Kalf der Bluffer!

Diejenigen, die das glaubten, gehörten nicht zum speziellen Kreis seiner Anleger. Vom Showgeschäft kann er nicht leben, erzählte er den anderen, die sich wunderten und präsentierte als des Rätsels Lösung seine Anlagemöglichkeiten.

Das ist es also!

In den Artikeln über die Inhaftierung seines Geschäftspartners bestreitet Kalf irgendwelche Verluste. Der Mann ist weder sein Partner und schon gar nicht sein Freund. Das ist ein Bekannter, wie er tausend andere hat. Und Penny Stocks. Keine Ahnung, was das sein soll, sagte er, da fragen die Leute den Falschen. Er wird die bitten, nichts zu schreiben. Sonst muss er da etwas unternehmen. Was über ihn geschrieben wird, ist eine Unverschämtheit. Es gibt nichts zu verheimlichen.

Kalf der Betrüger!

Vielleicht bat er die Macher der Regionalzeitung, darüber nichts zu schreiben. Diese Leute erfüllten seinen Wunsch. Er sollte geschont werden. Nach dem Motto: Wer nichts weiß, wird nicht heiß. Nicht dass die Redaktion dieses Blatts von Lug und Betrug grundsätzlich nichts wissen wollte. Beispiele zeigen das Gegenteil. Nach der Kokainaffäre seines Kollegen berichtete das Blatt ausführlich über eine Betrugsaffäre eines anderen Kollegen bis zum bitteren Ende. Kein stillschweigendes Erbarmen gab es mit dem Mann. Im Pressekodex, Punkt sieben, gebietet die Verantwortung der Presse gegenüber der Öffentlichkeit, dass redaktionelle Veröffentlichungen nicht durch private oder geschäftliche Interessen Dritter beeinflusst werden. Wieso unterließen die Redakteure des Blatts jede Information über Kalfs mögliche Beteiligung an einem Anlagebetrug und begnügten sich mit einer lapidaren Bemerkung über einen Verdacht der Steuerhinterziehung zwei Jahr später?
Meine Freundin hatte einschlägige Meldungen gesammelt wie die folgenden: Anlageberater muss wegen Betrugs ins Gefängnis. Der Mann bot gewinnbringende festverzinsliche Anleihen, Aktien und Optionen an und behielt die ihm anvertrauten Beträge für sich. Während der Ermittlungen betrog der Mann weiter. Der Angeklagte gab zu, keinerlei Kenntnisse über das Geschäft zu haben. Und der Geldsammler Kalf?
Großstädtische Boulevardblätter berichteten weiter über Kalf. Steuerhinterziehung in zweistelliger Millionenhöhe und mögliche faule Geschäfte werden jetzt gemeldet. Kalf wird verdächtigt. Wer und wie viele Opfer geschädigt worden sind, ist noch nicht bekannt. Wieder schweigt das Regionalblatt. Aber mit einem Bild wird eine Veranstaltung Kalfs bekannt gemacht.
Dann: Ein Millionenbetrüger ist auf der Flucht. Der Mann hat mindestens neunzig Darlehensverträge über eine Gesamtsumme von einskommafünf Millionen Mark abgeschlossen und sich mit dem Geld möglicherweise ins Ausland abgesetzt. Der Mann hatte seinen Kreditgebern bis zu fünfundzwanzig Prozent Zins im Jahr versprochen. Als Sicherheit legte er jeweils eine gefälschte Bürgschaftserklärung vor. Dann: Die Polizei schnappte einen Millionenbetrüger. Der Mann hatte in Liechtenstein eine Investfirma gegründet

und von gutgläubigen Anlegern sechskommafünf Millionen Mark kassiert. Durch Rück- und Renditezahlungen sind aber nur einskommafünf Millionen Mark erstattet worden. Dann: Ein Kaufmann betrog Firmen und Privatleute um mindestens einhundertzwanzig Millionen Mark. Der Mann sponserte Sportvereine. Auch gegen zwei Notare und andere Helfer wird ermittelt. Der Mann bot Darlehen zu konkurrenzlos günstigen Konditionen über Vermittler an. Vom Geld fehlt jede Spur. Dann: Mit Finanztricks ergaunerte sich ein Mann zweihundertsechzigtausend Mark von Privatleuten. Er garantierte seinen Kunden einen Zinssatz von zehn Prozent pro Monat. Die Polizei sucht noch Opfer. Dann: Baulöwe spurlos verschwunden. Strafrechtliche Sachverhalte werden geprüft. Beteiligte Banken beraten in Krisensitzungen. Baugewerbliche Unternehmer rechnen mit einem Konkurs der Firma. Gerüchte über finanzielle Probleme kursierten seit Monaten.

Im Regionalblatt eine Werbung mit Kalf.

Das Boulevardblatt berichtete über Kalfs Verurteilung. Er bestreitet, dass seine zwei Millionen Mark Schwarzgeld waren. Er hat es sich von Geschäftspartnern geliehen und muss das Geld zurückzahlen. Kalf sieht sich nicht als Steuer-Straftäter, sondern als Opfer.

Das Regionalblatt berichtet nichts.

Damit sagt das Regionalblatt, dass es über Kalf nichts dazu zu berichten gibt.

Das ist die Meldung, die gewollt ist.

Wir lesen erneut im Pressekodex. Der Leitsatz nennt die Achtung vor der Wahrheit, die Wahrung der Menschenwürde und die wahrhaftige Unterrichtung der Öffentlichkeit als oberste Gebote der Presse.

Gab es persönliche Gründe, eine Meldung über Kalf zu unterlassen? Der Schluss liegt nahe. Die Interessen Kalfs wurden in der Chefetage des Regionalblatts höher bewertet als das Informationsbedürfnis der Leser.

Kalf muss mehr wert sein.

IV. Täter und Opfer

Zur selben Zeit, als die staatsanwaltschaftlichen Ermittlungen gegen Kalf aufgenommen wurden, verschärften sich die Belagerungen durch seine Geldgeber. Vor der Haustüre, auf dem Parkplatz, wo auch immer er sonst auftauchte, musste er mit spontanen Konfrontationen rechnen. Die Leute hatten es endlich satt, sich weiter durch Versprechungen hinhalten zu lassen. Seine Worte vom Millionenprofit durch die sichere Anlage bei ihm zählten nicht mehr. Seine bekannte Person zählte nicht mehr. Die Option auf sein zu erwartendes sichtbares Immobilienerbe, mit dem er sich selbst verbürgt hatte, zählte nicht mehr. Geldgeber befürchteten den Verlust ihres eingesetzten Kapitals, stellten ihm nach und lauerten ihm auf. Tagsüber und nachts. Dabei begegnete manch einer erstaunt einem anderen und war überrascht, diesen hier ebenfalls zu treffen. Allmählich dämmerte einigen, was passiert sein könnte. Die meisten wollten sich diese Möglichkeit noch nicht eingestehen und verweigerten weiter die eigene Einsicht dafür, dass Kalf ein Betrüger ist. Vor allem glaubte keiner, dass auch der Nachbar zu Kalfs Kundschaft gehörte. Keiner rechnete mit einer solchen Anzahl von Geprellten, wie es sich später herausstellen wird. Kalf hatte immer von Exklusivität gesprochen. Scham über die eigene Dummheit bremste lange alle Überlegungen, den Kopf aus dem Fenster zu halten.

Das war ein Grund, warum er noch von Anzeigen verschont wurde, wohl auch ein zweiter, weil er sagte, dass Anzeigen nichts nützen, sondern sich nachteilig auf den weiteren Verlauf der Geschäfte auswirken werden, nicht nur so wie so für diejenigen, die ihn anzeigen, sondern dann für alle, was natürlich stimmte, wenn auch der Grund ein anderer war als der, den Kalf quasi als Drohung benutzte. Der dritte Grund war die Angst vor dem Finanzamt.

Kalfs Situation war, so gesehen, noch nicht dramatisch. Trotzdem wagte er es nicht mehr, vor seiner Haustüre vorzufahren. Manchmal informierte ihn ein häuslich naher Mitwisser telefonisch über drei oder vier Autos, deren Insassen vor seinem Haus auf seine Ankunft warteten. Dann fuhr er von der Autobahn ab auf den nächsten Parkplatz und schlief einige Stunden im Auto. Früher ergriff er

jede Möglichkeit, sich angekündigt zu präsentieren. Er lebte durch die Presse und mit der Presse. Weil er nicht mehr erreichbar war, verlor er Kundschaft und einige Geschäfte. Noch hatte er Werbepartner. Nur wenige zogen persönliche Konsequenzen aus den fragwürdigen Meldungen über ihn, wenn sie zufällig eine Zeitung gelesen hatten, die Verdächtigungen gegen ihn meldete. Pack schlägt sich, Pack verträgt sich.
Kalf ignorierte Telefonanrufe. Er ließ sich verleugnen. Das hatte zur Folge, dass er in einem Artikel seiner Regionalzeitung aufgefordert wurde, sich zu melden. Der Anlass war eine Wildsau. Das Tier war ein Geburtstagsgeschenk für einen Freund gewesen und wartete tagelang in einem Hühnerstall auf seine weitere Bestimmung. Kalf sollte sich darum kümmern, was er nicht tat. Der Stallbesitzer bemühte sich um Klarheit über den neuen Kostgänger, konnte Kalf aber weder persönlich noch telefonisch erreichen. Mehrere Leser meldeten sich in der Redaktion des Blatts mit Futterspenden, bis sich der Besitzer des Wildschweins meldet. Viele regten an, die Wildsau zu taufen. Die Leser waren sich einig, die Wildsau soll Kalfi heißen. Der, so wurde geschrieben, soll sich verantwortlich fühlen. Alle Versuche, mit Kalf Kontakt aufzunehmen, hatte der Besitzer des Hühnerstalls jedoch aufgegeben. Wenn jemand Kalf zu Gesicht bekommt, soll ihm Bescheid gesagt werden. Dass über den weiteren Verbleib der Wildsau entschieden wird.
Eigene Anrufe tätigte er von öffentlichen Telefonzellen oder bei Leuten, die er noch an seiner Seite wusste. Er fürchtete Abhöraktionen und Überwachung. Post öffnete er nicht mehr. Einschreiben nahm er zunächst noch entgegen, bis er jede Annahme verweigerte. Justizpost musste ihm mit einer gerichtlichen Verfügung durch die Polizei zugestellt werden.
Kalf sah keine Gespenster. Mit einem Durchsuchungsbeschluss des Amtsgerichts, Abteilung für Allgemeine Straf- und Bußgeldsachen ordnete der Ermittlungsrichter die Durchsuchung seiner Wohnräume, seiner Geschäftsräume und Fahrzeuge und seiner Depots und Schließfächer an. Gesucht wurden Geschäfts- und Bankunterlagen, Korrespondenzen aller Art und Verträge, die die Firma seines Geschäftspartners und drei weitere auf seinen eigenen Namen lautende Firmen betrafen. Die Ermittlungen betrafen

auch seine Hausbank. Die Durchsuchung der Geschäftsräume nach Unterlagen wurde verfügt für den Fall, dass die Bank die erschöpfende und verbindliche Auskunft verweigert. Kontounterlagen, Vormerkungen, Bankbelege, Kreditkarten, Verwahrungsstücke, Korrespondenzen und Ähnliches mussten sofort ausgehändigt werden. Die Aktion betraf sieben bezeichnete Konten und Konten, über die Kalf allein oder gemeinsam oder für andere in einem bestimmten Zeitraum verfügungsberechtigt oder bevollmächtigt war oder noch ist. Auf drei weitere Kontoinhaber und deren Konten wurde namentlich Bezug genommen. Gleichzeitig war mitzuteilen, welche Vorgänge für Kalf im genannten Zeitraum über bankinterne Konten wie ein Conto pro Diverse abgewickelt wurden und ob für Kalf Verwahrstücke aufbewahrt werden oder wurden.

Die Leute, die ihn abpassten und verfolgten, waren Geldgeber, vor allem die Schwarzgeldsünder, die eine Anzeige gegen ihn nicht wagen wollten. Diejenigen Geldgeber, die es sich juristisch und finanziell leisten konnten, schickten ihm Zahlungsbefehle. Die Rückzahlungsfristen ignorierte Kalf. Dann folgten Mahnbescheide. Mahnbescheide kosten Geld. Die Kosten für den Mahnbescheid seines größten Gläubigers beliefen sich auf über einhunderttausend Mark. Die, die Millionen gegeben hatten, konnten sich ein Mahnverfahren leisten. Andere hatten dafür kein Geld mehr. Alle aber erwarteten, dass Kalf als Betrüger verurteilt werden wird.

Nicht anders, wie die Leute, über die die Regionalzeitung berichtete.

Meine Freundin hatte weiter gesammelt, was zu Kalf passte.

Fünfzigtausend Geldanleger wurden bei einem der größten Betrugsfälle in Deutschland um schätzungsweise rund fünfhundertfünfzig Millionen Mark betrogen. Das Konkursverfahren gegen das Finanzierungsunternehmen wurde mangels Masse eingestellt. Die Anklage wirft drei führenden Mitarbeitern der in Panama registrierten Firma fortgesetzten Betrug in besonders schwerem Fall vor. Die Beschuldigten sitzen in Untersuchungshaft. Nach den Ermittlungen von Polizei und Staatsanwaltschaft wurden im genannten Zeitraum über Vertriebsgesellschaften hochverzinsliche Anlagemöglichkeiten im Ausland angeboten. Dann: Ein Wirtschaftsberater betrog fünfzehn Geldanleger um insgesamt rund zweikommasechs Millionen Mark. Der Angeklagte hatte seinen Kunden mit fragwürdigen Geldanlagen über eine luxemburgische Brokerfirma eine monatliche Rendite von einskommafünf Prozent versprochen. Die Kundengelder hatte der Mann gegen eine Provision von insgesamt rund dreihundertfünfundvierzigtausend Mark vermittelt. Der luxemburgische Vertragspartner hatte das eingehende Kapital laut Anklage nur zum geringen Teil angelegt und den überwiegenden Teil für sich selbst verwendet. Die Staatsanwaltschaft geht zwar davon aus, dass der Wirtschaftsberater in diese Machenschaften nicht eingeweiht war. Dem Mann wird jedoch vorgeworfen, Kunden mit Zusagen gelockt zu haben, deren Einhaltung auch dann nicht garantiert werden konnte, wenn die eingezahlten Summen tatsächlich investiert worden wären. Dann: Über mehrere Jahre gelang es einer Friseuse, Banken zu betrügen, obwohl sie hoch verschuldet war und als amtsbekannt unpfändbar galt. Die Sachbearbeiter machten es der Betrügerin leicht. Ohne Sicherheiten wurden der Frau Darlehen bewilligt. Die Frau beteuerte, dass sie Einnahmen aus einem Grundstücksverkauf erwartet. Dann: Zwei Finanzmakler wurden wegen Betrugs an neunundzwanzig Kreditkunden um insgesamt einskommavier Millionen Mark zu Haftstrafen von zwei Jahren verurteilt. Der Vorsitzende Richter begründete die relativ niedrige Strafe mit dem Geständnis der Betrüger, das den Prozess erheblich abkürzte. Den Kunden wurde kaum fassbare Leichtgläubigkeit bescheinigt. Auch der Stadtrat einer Stadt fiel auf die Betrüger herein. Dann: Ein Anlageberater wurde wegen Betrugs zu fünfeinhalb Jahren Haft verurteilt. Der Mann hatte elf Kapitalanleger um rund eine halbe Million Mark geschädigt. Er bot gewinnbringende festverzinsliche Anleihen, Aktien und Optionen an und behielt die ihm anvertrauten Beträge für sich. Der Mann war Wiederholungstäter und bereits wegen Steuerhinterziehung vorbestraft. Während der laufenden Ermittlungen betrieb der ehemalige Konditormeister seine Betrügereien weiter fort. Der Angeklagte sagte, keinerlei Kenntnisse von Geldgeschäften zu haben. Der Mann wusste lediglich, was eine Börse ist. Dann: Ein PDS-Mitarbeiter soll nach Erkenntnissen der Ermittler wesentlich an den illegalen Finanztransaktionen von PDS-Geldern beteiligt gewesen sein. Die Behörden waren auf den Mann aufmerksam geworden, als er versuchte, siebzig Millionen Mark in bar von einem Konto einer sowjetischen Firma abzuheben. Ein PDS-Schatzmeister und dessen Finanzbereichsleiter hatten im Verlauf der verworrenen Affäre zugegeben, einhundertsieben Millionen Mark aus dem Parteivermögen ins Ausland verschoben zu haben. Diese Betrugsfälle ereigneten sich ab dem Jahr 1989, dem Jahr der deutschen Wiedervereinigung und in den nächsten zwei folgenden Jahren, berichtet meine Freundin. In der herrschenden Aufbruchsstimmung schlug die Stunde der Wirtschaftsbetrüger vielleicht häufiger als vorher und schneller als nachher. Wirtschaftsprognosen versprachen den Aufschwung, an dem jeder teilhaben konnte. Das Statistische Jahrbuch meldete für das Jahr der deutschen Wiedervereinigung einen Anstieg der Vermögensmillionäre um zweiundzwanzig Prozent seit 1986. Geld saß lockerer als gewöhnlich und für Bedenken gab es weniger Sinn.

Auch Nelke und Kalf fanden in diesen Jahren ihre Kundschaft.

Während die staatsanwaltschaftlichen Ermittlungen gegen Nelke weiter liefen, wurde Kalf wegen eines Vergehens der Untreue in Tatmehrheit mit einem Vergehen der fortgesetzten Einkommenssteuerhinterziehung angeklagt. Auf Antrag der Staatsanwaltschaft wurde er zu einer Freiheitsstrafe von einem Jahr verurteilt. Der Vollzug der Freiheitsstrafe wurde zur Bewährung ausgesetzt. Die Freiheitsstrafe wurde aus Einzelstrafen von je neun Monaten für das Vergehen der Untreue und das Vergehen der Steuerhinterziehung gebildet. Als Beweismittel wurden Urkunden aus einem Auszug aus dem Bundeszentralregister aufgeführt. Als Zeugen wurden ermittelnde Beamte der Kriminalpolizeiinspektion und der Steuerfahndungsstelle des Finanzamts genannt. Von der Benennung der Geschädigten als Zeugen wurde im Hinblick auf das Geständnis des Angeschuldigten abgesehen.

Die Bewährungszeit betrug vier Jahre. Der Verurteilte hat jeden Wohnsitzwechsel unaufgefordert dem Gericht unter Angabe einer neuen Adresse mitzuteilen.

Der verurteilte Kalf hat folgende Geldauflagen zu entrichten: fünfzigtausend Mark binnen zehn Wochen nach Rechtskraft, einhunderttausend Mark neun Monate später, fünfzigtausend Mark zwölf Monate später und fünfzigtausend

Mark wieder zwölf Monate später. Insgesamt betrug seine Geldstrafe zweihundertfünfzigtausend Mark, die Kalf auf knapp drei Jahre verteilt an die Staatskasse zu entrichten hat.

Die ersten fünfzigtausend Mark vereinnahmte die Staatskasse. Über diesen Betrag wurde weiter nicht verfügt. Die folgenden einhunderttausend Mark wurden laut Bewährungsbeschluss aufgeteilt. Nach Kalfs Bewährungsheft wurden gemeinnützige Vereine bedacht. SOS Kinderdorf, Lebenshilfe und Haus der Jugend mit jeweils zwanzigtausend Mark. Mit zehntausend Mark der Kinderschutzbund, ein Kindertherapiezentrum, ein Betreuungsverein und eine Arbeitsgemeinschaft Hilfe für Behinderte. Kalf konnte die Strafe in Monatsraten ableisten. Die nächste Geldauflage über fünfzigtausend Mark musste Kalf an den Förderkreis Haus der Jugend, an ein Studentenwohnheim, an das Diakonische Werk, an den Kinderschutzbund seines Landkreises und an einen weiteren Kinderschutzbund überweisen.

Der letzte Beschluss zur Überwachung seiner Bewährungsauflage legte die Begünstigten seiner letzten Geldauflage fest. Jeweils zehntausend Mark bekam der Förderkreis Haus der Jugend, ein Caritas Zentrum, ein Geschichtsverein und ein Studentenwohnheim. Fünftausend Mark erhielten Verkehrswacht und Kreisjugendring. Der Staat entschädigte sich für die entstandenen Gerichtskosten und für die Straftat der Steuerhinterziehung.

Und die von Kalf Geschädigten?

Was bekam der Rentner, der Versicherungsmakler, die Geschäftsfrau, die Sportlerin, die Medienfrau, der Bäcker, die Friseuse, der Regisseur, der Beamte, der Zahnarzt, der Postler, der Rechtsanwalt, der Gärtner, der Silberschmied, der Schreiner, die Bedienung, der Gemeindeangestellte, der Wirt, der Kellner für die im Urteil festgestellte Untreue? Was bekamen die in seinem Strafbefehl namentlich aufgeführten vierundzwanzig Geschädigten von Kalfs Geldstrafe? Im Strafbefehl heißt es, dass Kalf seinem anderweitig verfolgten Geschäftspartner und der von diesem betriebenen Firma regelmäßig Gelder zur spekulativen Geldanlage zur Verfügung gestellt hat. Da sich Kalfs Geldanlagen als erfolgreich herumsprachen, stellten immer mehr Leute Kalf Gelder zur bestmöglichen Anlage zur Verfügung. Kalf verfügte allein und nach

eigenem Gutdünken mit der Verpflichtung, die vereinnahmten Gelder in vollem Umfang zur spekulativen Anlage weiterzuleiten und die daraus erwirtschafteten Renditen in vollem Umfang an die Anleger wieder herauszugeben.
Wieso also wurden die Geschädigten bei der Verteilung der durch Kalf zu leistenden Geldauflage nicht bedacht? Galt die Geldauflage nur als Strafzumessung für die Straftat der Steuerhinterziehung und nicht auch für die Untreue gegenüber den geschädigten Geldgebern? Von den genannten Personen hatte Kalf insgesamt zehnkommafünf Millionen Mark vereinnahmt. Neben Millionenbeträgen lesen wir kleine Anlagebeträge von unter einhunderttausend Mark. Sechzigtausend Mark. Zwanzigtausend Mark.
Kalf hatte mit den Geldanlegern keinerlei Vereinbarungen über Provisionen oder anderweitige Spesen für seine Tätigkeit getroffen, die er in Anspruch nehmen durfte. Kalf allein kannte die genannten Anleger, sagt der Strafbefehl. Entgegen seiner Verpflichtung, die zurückgeflossenen Renditen und die angelegten Gelder den Anlegern auszuhändigen, behielt Kalf absichtlich wiederholt Geldbeträge zwischen zweihundertfünfzig und dreihunderttausend Mark ohne Berechtigung für sich.
Sollten nicht die vom Täter Kalf Betrogenen mit seiner Geldstrafe entschädigt werden, anstatt das Haus der Jugend, den Geschichtsverein und die Verkehrswacht zu beschenken? Bundesweit vergaben Richter im Bezugsjahr nach Angaben der Länderjustizministerien rund einhundertfünfzig Millionen Mark aus Geldbußen an gemeinnützige Vereine und Organisationen und den Staat. Wer was bekommt, hängt vom Geschmack des Richters ab. Grundsätzlich sollten die Geldbußen tatbezogen zugewiesen werden. Karnevalsvereine sind trotz Gemeinnützigkeit nicht zuwendungsfähig, selbst für rheinische Richter nicht. Das erfahren wir in der Zeit seiner Straftaten. Und ein Jahr vor Kalfs Verurteilung fordert eine Rechtsexpertin, Geldbußen von Straftätern nicht mehr an den Staat, sondern an die Opfer der jeweiligen Straftat auszubezahlen. Zumindest ein Teilbetrag der Geldstrafe soll der Wiedergutmachung des Schadens dienen. Bisher fließt das Geld ausschließlich dem Staat zu. Gefordert wird, dass von diesem Geld automatisch Ersatz geleistet wird. Bisher müssen Verbrechensopfer Schadensersatzansprüche

nach einer Verurteilung des Straftäters in neuen Verfahren vor einem Zivilgericht einklagen. Verurteilte, die die Geldbuße nicht bezahlen können, sollen zu gemeinnützigen bezahlten Arbeiten verpflichtet werden. Dann kann das Opfer auch entschädigt werden, wenn der Täter arm ist.

Es sieht danach aus, dass mit der gegen Kalf verhängten Geldstrafe nur der Staat entschädigt werden sollte für die erlittene Schmach der Steuerhinterziehung eines betrügerischen Staatsbürgers. Denn es heißt im Strafbefehl, dass Kalf Gewinne aus von ihm selbst für sich angelegten Geldern steuerlich nicht erfasst und insoweit unrichtige Angaben gegenüber dem zuständigen Finanzamt machte. Kalf verschwieg in zwei genannten Jahren knapp einskommazwei Millionen Mark an Einkünften aus diesen eigenen Geldanlagegeschäften. Unter Berücksichtigung von steuerrechtlich abzuziehenden Beträgen hinterzog Kalf in diesen zwei Jahren Einkommenssteuer in Höhe von über vierhundertachtzigtausend Mark.

Das heißt also, dass die Geldauflage aus seiner Bewährungsstrafe demnach allein dem Vergehen der fortgesetzten Steuerhinterziehung galt und nicht dem Vergehen der Untreue. Nur unter dieser Voraussetzung können wir uns die beschriebene Verteilung von Kalfs Geldstrafe an gemeinnützige Institutionen erklären. Die Anleger, deren Vermögensinteressen Kalf verletzte und denen er damit Schaden zufügte, hatten nicht gegen Kalf geklagt. Offensichtlich wird ein Staatsanwalt angesichts einer Straftat für Opfer nicht von sich aus tätig. Manche Anleger erwarteten das fälschlicherweise.

Mehrere Rechtsanwälte lasen dieses Urteil. Alle waren sich in der Bewertung einig. Dieses Urteil ist eine Sensation.

Na ja, sage ich. Das ist eigentlich Kalfs Sprache. Er fand das Ergebnis überhaupt nicht sensationell. In Zeitungen, die über Kalfs Verurteilung berichteten, lässt Kalf schreiben, dass er seinem Geschäftspartner zweikommazwei Millionen Mark gegeben hat. Das Geld war kein Schwarzgeld, sagt Kalf, sondern von anderen Geschäftspartnern geliehen. Das Geld muss er zurückzahlen und dafür verfolgt ihn die Steuerfahndung. Er ist das Opfer, nicht der Täter, schimpft Kalf. Die Namen dieser angeblichen Geschäftspartner nennt er nicht.

Was Kalf von sich gab, ist nicht erheblich. Es ist die erste Version. Kalf war zu jeder Lüge bereit, um seinen Kopf aus der Schlinge zu ziehen. Rechtsanwälte berieten ihn.
Halten wir also erstmals fest, was vor Gericht bekannt wird und was gesagt werden kann, sage ich zu meiner Freundin. Der Strafbefehl bezieht sich auf zwei Jahre aus Kalfs Zeit als Geldsammler und Anlagevermittler, noch bevor er Firmen auf seinen eigenen Namen gründete und dafür Konten auf seinen Namen eröffnete. Dann vereinnahmte Kalf von nur ihm bekannten Anlegern insgesamt mehr als zehn Millionen Mark. Davon genehmigte er sich selbst nicht vereinbarte Provisionen in Höhe von ungefähr dreihunderttausend Mark. Kalf erzielte aus eigenen Geldanlagegeschäften Einkünfte von einskommazwei Millionen Mark. Zusätzlich hinterzog Kalf Steuern von über vierhundertachtzigtausend Mark. Dafür wurde Kalf zu einer Geldstrafe von zweihundertfünfzigtausend Mark verurteilt.
Im Strafbefehl heißt es, dass Kalf seinem anderweitig verfolgten Geschäftspartner und der von diesem betriebenen Firma regelmäßig Gelder zur spekulativen Geldanlage zur Verfügung stellte. Das sagt Kalf. Vorher heißt es, dass nur Kalf die Anleger kannte. Welche Anleger? Nur wenige der Genannten erscheinen auf der Kundenliste seines Geschäftspartners. Der behauptete Geldfluss zu seinem Geschäftspartner ist nicht gesichert. Das ist eine Behauptung des beschuldigten Kalf. Von der Benennung der Geschädigten als Zeugen wurde im Hinblick auf das Geständnis des Angeschuldigten abgesehen. Schreibt der Staatsanwalt. Dieser Satz sagt, was passierte. Die vollständige Aufklärung des Betrugs wurde unterlassen. Stattdessen ersparte der Strafbefehl dem Staatsanwalt und dem Betrüger die Anklage.
Nach Kalfs Verurteilung durch den Strafbefehl wurden Zivilklagen eingereicht. Einige der Kläger werden in seinem Strafbefehl genannt. Neue Namen tauchen auf und hohe Geldbeträge. Wer sind Kalfs stille Geldgeber?
Was treibt Kalf? Was konnte über das Ausmaß seiner Geschäfte schon vor seiner Verurteilung ermittelt werden?

V. Anwalt für einen Betrüger

Kalf sammelt Geld. Er wird daraus Millionen machen, verkündet er. Punkt. Ganz einfach und noch einmal und nicht mehr und nicht weniger. Kalf sammelt mit seinen Sprüchen. Das ist alles.

Schaut mich an, ich mache alle zu Millionären, sagte Kalf. Er warb mit sich selbst. Das reichte. Es funktionierte so eine Zeitlang.

Sein Geschäftsgebaren variierte. Er lud die Leute entweder zu seinen Veranstaltungen ein oder er machte Hausbesuche. Mundpropaganda sorgte für die Verbreitung seiner Angebote und es passierte still und ohne weitere Aktion, dass jemand ihm sagte, dass er sich da oder dort sehen lassen soll. Erschien ihm ein Anleger profitabel, leistete er wie bei dem Betriebswirt mit ein paar Scheinen vor, bis einer auf seiner Schiene lief, wie Kalf sich ausdrückte. Kalf tat alles dafür, dass er Geld in die Finger bekam. Manche Geldgeber wollten etwas Schriftliches in der Hand halten. Kein Problem. Bevor Kalf seine Finanzfirmen gründete, schrieb er auf ein formloses Stück Papier handschriftlich, dass Herr B. ihm am genannten Datum zweihunderttausend Mark gegeben hat. Er bestätigte die Übergabe mit seiner Unterschrift und nahm das Geld. So arbeitete Kalf, bis er Firmenadressen und Firmenkonten vorweisen konnte, aber auch noch danach. Dann schrieb er auf ein Blatt Papier handschriftlich, dass Herr S. ihm, Kalf, einhundertachtzigtausend Mark am genannten Datum zur Anlage gegeben hat. Rückgabe in fünf Monaten, achtzehn Prozent Zins. Kalfs Unterschrift in der Mitte darunter. So sahen seine handschriftlichen Geschäftsunterlagen aus.

Als Kalf dann seine Finanzfirmen gegründet hatte, verteilte er eine Briefpapierseite als Formblatt für Kaufaufträge. Firmennamen und Firmenanschrift waren vorgedruckt. Die übrigen Positionen waren variabel auszufüllen. Das betraf Auftraggeber, Auftragnehmer, Auftragsdatum und Uhrzeit, Name und Anzahl der Anteilscheine, Preis pro Anteil und Gesamtpreis zuzüglich Courtage. Die Umrechnung von amerikanischen oder kanadischen Dollar mit dem jeweiligen Tageskurs in den Gesamtpreis in deutscher Mark wurde nach Bedarf maschinenschriftlich formlos daneben geschrieben. Der Gesamtpreis ist innerhalb von fünf Tagen durch Verrechnungsschecks oder durch Überweisung auf ein genanntes Konto bei einer bezeichneten Bank zu bezahlen, stand darunter. Im unteren Drittel des Blatt Papiers waren fünf oder sieben Punkte aufgeschrieben, je nach dem, ob es sich um die Firma von Kalfs Geschäftspartner mit Sitz in Deutschland handelte oder um Kalfs Firmen mit Firmensitz im Ausland. Bei den Auftragsformularen von Kalfs Auslandsfirmen fehlten Punkt sechs für die Auftragsbestätigung durch den Auftragnehmer und Punkt sieben für den Gerichtsort. Wenn auf dem vorbezeichneten Konto für den Auftraggeber mindestens ein Guthaben in Höhe des für den Kauf ausgewiesenen Gesamtpreises besteht, wird die Firma den Kaufauftrag durchführen. Das besagte Punkt zwei.

Kalf hatte demnach zwei Anlagemodelle zur Verfügung. Entweder bot er anlagewilligen Geldgebern Wertpapiere, Anteilscheine oder Beteiligungen zum Kauf mit Kaufaufträgen an. Oder er stellte Schuldscheine mit oder ohne Verwendungszweck aus. Die meisten Kapitalgeber bezahlten mit Bargeld. Gegen Quittung oder ohne Beleg. Für alles Weitere erklärte sich Kalf zuständig. Er verteilte die ihm zur Verfügung gestellten Gelder seiner Anleger auf seinen Konten.

Fünf der zehn Jahre sind vorbei, sage ich zu meiner Freundin. Wir haben Halbzeit. Nelke saß in Untersuchungshaft und Kalf wurde wegen Steuerhinterziehung verurteilt. Aber Kalfs Anleger und das von Kalf vereinnahmte Geld kamen nicht weiter zur Sprache. Immerhin über zehn Millionen Mark von vierundzwanzig Geldgebern, und es fehlten behördlich bekannte Anlegernamen in dieser Aufzählung! Der Betriebswirt und der Wirtschaftsanwalt zum Beispiel, der Banker und der Gastwirt. Die Ermittlungen des Staatsanwalts hatten nur einen Bruchteil von Kalfs Aktivitäten zu Tage befördert. Lag es an den fehlenden Strafanzeigen oder macht ein Staatsanwalt nicht alles, was ein Staatsanwalt darf? Je nach dem?

Nach Kalfs Verurteilung gingen erste Anleger mit Forderungen gegen Kalf vor ein Zivilgericht. Vorher hatten es die Leute mit freundlichen Briefen versucht, die mit lieber Kalf beginnen. Manche drohten unverhohlen mit der Frage, ob seine reiche Familie die überlassenen Geldbeträge ersetzt, wenn diese von Kalfs Schulden Bescheid bekommt. Mehrfache private Versuche, mit Kalf persönlich Kontakt aufzunehmen, werden erwähnt. Manchmal wurde Kalf erwischt und versprach dann, bis dahin ganz bestimmt zu zahlen. Kalf versteht sich aufs Jammern. Ratenzahlungen wurden ihm angeboten. Nichts passiert. Wieder lassen die Leute ihn laufen. Dann kamen die Einschreiben und Anwälte wurden eingeschaltet. Unstreitige Forderungen wurden Kalf präsentiert. Erneut wurden Fristen gesetzt. Wieder verstreichen Wochen mit ergebnislosem Zuwarten. Währenddessen ermittelte der Staatsanwalt erstmals gegen Kalf wegen Betrug, Untreue und Steuerhinterziehung, bemerkt meine Freundin. Die Nachforschungen galten wohl erneut hauptsächlich der Steuerhinterziehung. Das sehe ich auch so. Es interessiert mich, ob ein Ermittlungsaustausch zwischen Gerichten stattfindet, wenn Verfahren gegen ein- und dieselbe Person laufen. In Kalfs Fall scheint das zu diesem frühen Zeitpunkt der Ermittlungen gegen ihn nicht der Fall gewesen zu sein. Wir werden das später feststellen.

Kalf rettete das möglicherweise vor dem Gefängnis. Mit sofortigen Strafanzeigen von wenigstens ein paar Gläubigern wäre die Lawine ausgelöst worden, von der hinter vorgehaltener Hand längst gesprochen wurde. Stattdessen betrieben die Menschen in seinem Umfeld passiven Widerstand oder Wildwestmethoden. Der Tankwart drohte Kalf bei seinem Erscheinen an der Tankstelle mit Polizei. Der Bäcker verkaufte ihm nicht mehr Semmeln und Brot. Auf Zettel gekritzelte Drohungen wurden an seine Haustüre geklebt und Abfalleimer wurden ihm vor die Haustüre gekippt. Dann zerstach jemand die Autoreifen seines Autos. Die örtliche Werkstatt weigerte sich, Kalf die Reifen zu wechseln.

Kalf verhielt sich unbeteiligt. Er erstattete keine Anzeige gegen bekannt oder unbekannt. Alle Vorkommnisse, und es gab da noch Einiges, was nicht erzählt werden kann, sage ich zu meiner Freundin, alles, was passierte, traf Kalf nicht sichtbar. Alles passierte scheinbar neben Kalf, nicht mit ihm. Da waren die Ereignisse und daneben stand Kalf. Ist Kalf in Ordnung?

Wir schauen uns an und unsere Gedanken wandern wieder zu ihr.

Was wissen wir eigentlich wirklich voneinander, sage ich vor mich hin. Menschen leben miteinander, Tür an Tür und plötzlich geschieht etwas, das wir mit unserem Verständnis für alles, was wir als normal empfinden, nicht mehr begreifen. Mit unserer verstorbenen Freundin erging es uns so. Hätten wir mehr für sie tun müssen, um sie zu retten? Wäre etwas zu ändern gewesen, fragen wir uns.

Was passiert bei Kalf? Ist Kalf eine gespaltene Persönlichkeit?

Schon möglich, sage ich, wer weiß, was wir über ihn noch erfahren werden.

Hier jedenfalls lesen wir über den Betrüger Kalf, der gutgläubigen Leuten mit betrügerischen Versprechungen Geld aus der Tasche fischte.

Kalf konnte das und er wusste, was dieser Kalf machte.

Meine Freundin spürt meine aufsteigende Wut.

Bleib ruhig, beschwichtigt sie mich. Lass uns mit Fakten weiter arbeiten.

Gut, dass sie an meiner Seite ist.

Wir lesen weiter.

Ich lege ihr einen Packen Schriftsätze hin. Das sind einige Zivilklagen, sage ich. Sofern der Gesamtbetrag nicht fristgerecht bezahlt wird, wird Klage eingereicht, steht in allen Schriftsätzen. Eine Fristverlängerung oder nochmalige Ratenzahlung wird nicht gewährt. Noch einmal persönlich mit Kalf zu sprechen, wird abgelehnt.

Mit anwaltlichem Schriftverkehr vergingen Monate. Für die Geschädigten verrinnt damit kostbare Zeit, was dem Schuldner nützt und dem Gläubiger teuer zu stehen kommt.

Kalfs Anwalt antwortete, dass sein Mandant nicht in der Lage ist, die Forderung zu bezahlen. Angesichts der Einkünfte von Kalf wird weder die angedrohte Klage noch eine Zwangsvollstreckung zum gewünschten Erfolg des Gläubigers führen, erklärte sein Anwalt.

Dass Kalfs Anwalt so argumentiert, ist logisch. Wieso aber lässt sich ein Gläubigeranwalt damit ausbremsen? Dadurch verschafft der Mann möglicherweise dem Schuldner die Zeit, die der braucht, um noch vorhandene Vermögenswerte ins Verborgene zu schaffen. Arglistig bot Kalfs Anwalt erneute

Ratenzahlung an und beteuerte zum Schluss Zahlungsbereitschaft, sofern und sobald sein Mandant über neue Einkünfte verfügt.
Wenigstens diese Mitteilung sollte einen gegnerischen Anwalt zum Laufen bringen. Das ist gezielte Verzögerungstaktik, sage ich.
Wie vorherzusehen war, brachte auch die neuerlich angebotene Zahlung in Raten kein Ergebnis. Kalf zahlte nicht. Im Gegenteil. Kalf widersprach dem erhaltenen Mahnbescheid. Endlich reichte der Anwalt des Gläubigers mit Einzahlung des Gerichtskostenvorschusses Klage beim Landgericht gegen Kalf ein. Seit der ersten Post des Gläubigeranwalts an Kalf persönlich sind neun Monate vergangen.
Alle anderen Verfahren verlaufen ähnlich. Wir hatten nicht erwartet, dass Anwälte von Gläubigern mit einer derartigen Harmlosigkeit die Interessen ihrer Mandanten gegen den Schuldner und dessen Anwalt wahrnehmen. Wir sehen darin eine grobe Fahrlässigkeit. Der Anwalt setzt durch das unprofessionelle Zuwarten das Vermögen des Mandanten aufs Spiel. Kalfs bekannter Name spielte eine Rolle. Ein Anwalt erklärte sich im ersten Satz seines Briefes als Freund von Kalfs Veranstaltungen und bat anbiedernd um eine Terminvereinbarung für eine Besprechung in der leidlichen Angelegenheit, wobei der Anwalt sich mit Kalf unterhalten wollte, wo diese Zusammenkunft stattfinden soll.
Der wollte eingeladen werden, sagt meine Freundin.
Im nächsten Schreiben stellte der Anwalt dann fest, dass sich Kalf trotz der freundlichen Zeilen beharrlich einer Kontaktaufnahme entzieht. Was hatte der Mann denn erwartet?
In einem anderen Schriftsatz teilte Kalfs Anwalt mit, dass Kalf in jedem Fall Regressansprüche gegen eine andere Person geltend zu machen hat. Deshalb kann Kalf erst zahlen, wenn Vereinbarungen mit dieser Person erzielt worden sind. In diesem Fall erkannte der Gläubigeranwalt diese Ankündigung als Ausweichmanöver und reichte immerhin schon nach mehrwöchigem Zuwarten Klage ein. Die ziviljuristischen Verfahren gegen Kalf begannen zur selben Zeit, als der Staatsanwalt gegen Kalf ermittelte und Kalf verurteilt wurde. Die Geschädigten wurden über die Ermittlungen gegen Kalf nicht informiert.

Niemand kann sich vorstellen, was im Gerichtsgebäude los war, erzählt eine Justizangestellte des Landgerichts Jahre später. Kein Tag verging ohne Mahnbescheide und eine Klage nach der anderen wurde gegen Kalf eingereicht. Die Gesamtforderung von fünf Klagen gegen Kalf, die wir gelesen haben, beträgt über einskommazwei Millionen Mark ohne Zinsen, ohne Anwalts- und Gerichtskosten. Zwei Banken, die Kalf kurz vor dem Beginn der Ermittlungen und kurz nach seiner Verurteilung Kredite gewährt hatten, beantragten ebenfalls Mahnbescheide mit anschließenden Vollstreckungsbescheiden vier Wochen später und folgender Klage. Fällig gestellt wurden Teilforderungen über zusammen mehr als sechshunderttausend Mark.

Lass uns das zusammenzählen, sagt meine Freundin. Auf dem Tisch liegen Forderungen mit Kosten über zwei Millionen Mark, Steuerschulden von einer halben Million Mark und der Strafbefehl über eine viertelte Million. Zusammen fast drei Millionen Mark!

Wie bezahlte Kalf eigentlich seinen Anwalt?

Kalf trat weiter öffentlich auf, als ob nichts geschehen ist. Er organisierte seine Veranstaltungen und bis auf wenige kamen die Leute, die schon vor fünf Jahren gekommen waren. Vielen reichte es, dass der eigene Name noch nicht irgendwo zufällig aufgetaucht war. Dabei sollte es bleiben. Kalf kannte die Namen und das Problem und schwieg ebenfalls.

Allmählich wurde die Mauer des Schweigens um Kalf brüchig. Einige der Gläubiger, die vorher privat oder mit Hilfe eines Anwalts ohne Erfolg versucht hatten, Kalf zur Rückzahlung zu bewegen, erstatteten ein halbes Jahr nach seiner ersten Verurteilung Strafanzeigen wegen Betrugs. So erhält der Staatsanwalt neue Unterlagen, die ihn erneut veranlassen zu prüfen, ob auch in diesen Fällen Steuerhinterziehung von Kalf oder anderen Personen begangen wurde oder ob Betrug oder andere Straftaten in Betracht kommen. Der Staatsanwalt forderte alle Akten aller Verfahren gegen Kalf zur strafrechtlichen Überprüfung an. Wegen eigener Verhandlungstermine ersuchte das Landgericht um sofortige Rücksendung.

Es gibt also keinen automatischen Informationsausgleich. Wir sehen bestätigt, dass gegen eine Person gleichzeitig vor verschiedenen Gerichten Verfahren stattfinden können und ein Staatsanwalt erfährt nichts von Ermittlungen eines Kollegen und der eine Richter weiß nichts über laufende Verfahren vor einem anderen Richter. Die Rechte des Beschuldigten müssen in jedem Fall gewahrt werden, sagte mir ein Staatsanwalt. Erinnerst du dich nicht, frage ich meine Freundin lakonisch.

Sie hat das nicht vergessen.

Eine digitale Vernetzung aller Gerichte und Staatsanwaltschaften innerhalb unserer Landesgrenzen würde sicher die Verfolgung von Straftätern und die Aufklärung von Straftaten maßgeblich unterstützen. Der Zeitvorsprung der Betrüger könnte wirksam abgebremst werden. Bei den bestehenden Datenschutzgesetzen wäre ein Zugriff auf eine Person mit einem einzigen Mausklick aber nicht durchzusetzen. Ich höre schon jetzt Protestgeheul aus allen Ecken, sagt meine Freundin.

Jeder Zeitvorsprung nützt einem Betrüger, nicht nur bei der Tat, sondern auch danach vor Gericht. Kalf ist ein Paradebeispiel dafür.

Der Staatsanwalt forderte jetzt also die Übersendung der Akten vom Landgericht, bei dem die Zivilklagen eingereicht worden waren.

Kalfs Anwalt bekam Akteneinsicht. Ob der Staatsanwalt diesmal eine Veranlassung sehen wird, Anzeigensteller als Zeugen zu vernehmen? Kalfs Betrugsgeschäfte konnten plötzlich insgesamt entdeckt werden, weil Zusammenhänge sichtbar wurden. Nicht alle Betrogenen schöpften neue Hoffnung, der Großteil zitterte vielmehr davor, doch noch als Steuersünder entdeckt zu werden. Kalfs Betrug kam diesen Leuten zwar nicht recht, billiger war das allseitige Schweigen bis jetzt noch allemal.

Zeitungen melden das Neueste über Kalf. Mit dicken Überschriften berichtet die Boulevardpresse ausführlich über die Kalf-Pleite. Familienmitglieder gehören zu den Geschädigten. Wieder ist von Schwarzgeld, Lügen und Schulden die Rede. Im Zusammenhang mit Kalfs Betrugsgeschichten werden Namen bekannter Leute aus Showbusiness, Sport und Medien genannt. Politikernamen sind darunter.

Von diesen Leuten wird Kalf nichts zu befürchten haben, die halten dicht. Davon sind meine Freundin und ich überzeugt. Die kleinen Leute werden Kalf das Fürchten lehren und ihm ein Bein stellen.
Vor der erneuten Vernehmung ist es soweit. Ein Darlehensgeber hatte laut vorgelegtem Schuldschein Kalf einhunderttausend Mark gegeben. In fünf Jahren zahlte Kalf keinen Pfennig zurück. Der Mann erwirkte ein rechtskräftiges Urteil. Deshalb musste Kalf vor dem Amtsgericht erscheinen und glaubhaft versichern, dass er völlig vermögenslos ist. Kalf hob die Hand und leistete den Offenbarungseid. Er wurde über die Folgen einer falschen eidesstattlichen Versicherung belehrt. Er bestätigte seine Angaben in der Vermögensaufstellung mit seiner Unterschrift.
Banken haben mich reingeritten, schimpfte Kalf jetzt. Enorme Summen werden genannt. Sechs Millionen Mark Bankschulden und sechshunderttausend Mark Steuerschulden lässt Kalf melden. Kalfs Anwalt beteuerte, dass die Rückzahlung der Millionen an die Banken jetzt nahezu abgeschlossen ist.
Das kann ich mir vorstellen, rufe ich, was hat der Anwalt für eine Chuzpe, das laut zu sagen. Womit glaubt der, hat Kalf seine Bankschulden bezahlt?
Der Geldfluss muss aufgedeckt werden, sage ich.
Meine Freundin liest weiter.
Und die Steuerschulden konnten per Ratenzahlung abgestottert werden. Dreißigtausend Mark wöchentlich und dreihunderttausend Mark stehen noch aus! Das ließ Kalfs Anwalt melden.
Das Regionalblatt verschweigt diese Nachricht seinen Lesern.
Tags darauf meldet die Boulevardzeitung in dicken Lettern den Gerichtsvollzieher einer Auslandsbank vor Kalfs Haustüre. Die Pleite zieht Kreise und weitet sich aus. Kalf erhielt wegen eines Kredits über eine halbe Million Mark ein Versäumnisurteil mit einem vollstreckbaren Titel. Damit war Kalf in diesem Nachbarland jederzeit pfändbar. Er wird alles zurückzahlen, lässt Kalf melden. Auf leere Worte versteht er sich. Diejenigen, die mehr wissen, kennen diese Sprüche.
Das Regionalblatt meldet nichts.

Dafür erfahren die Leser am selben Tag über einen Anlageberater, der zwanzig Kunden um mehr als einskommazwei Millionen Mark geprellt haben soll. Der Mann betrieb seine Betrugsgeschäfte in den gleichen Jahren wie Kalf und trat für ausländische Kapitalanlagefirmen auf. Der Mann soll das Geld, das ihm die Kunden für Anlagegeschäfte gaben, für eigene Zwecke verwendet haben, unter anderem zur Tilgung seiner hohen Schulden.
Ist das ein Gag!? Kalf ist ein Jahr älter und lebt in einem anderen Landkreis und sitzt nicht in Untersuchungshaft! Und eine Million hat Kalf aus der Hosentasche geholt.
In der gleichen Ausgabe unterrichtet das Regionalblatt über steigende Kriminalität in den vier Landkreisen seiner Leserschaft. Die Schadenshöhe im Zusammenhang mit Betrügereien stieg mit sechzehn Millionen Mark auf mehr als das Doppelte, was einen Anstieg um sieben Millionen Mark im Vergleich zum Vorjahr ausmacht. Bürger lassen sich, so ein Vertreter der Polizei, auf der Straße zu zweifelhaften Geschäften überreden, die sie später teuer zu stehen kommen. Wie den eintausenddreihundert Anlegern, die von einer internationalen Anlageberatungsfirma mit einem Finanzbüro im Landkreis nach vorsichtigen Schätzungen um mehr als zwanzig Millionen Mark geprellt worden sind. Angeboten wurden verschiedene Investmentprogramme. Ein im Landkreis ansässiger Rechtsanwalt fungierte als Treuhänder.
Die erste Rendite wurde gezahlt, die zweite blieb aus. Warnungen und Nachfragen wurden ignoriert. Dass Staatsanwaltschaft und Landeskriminalamt bereits seit einem knappen Jahr gegen die Firma ermittelten, wussten die Betrogenen nicht. Der Anwalt und ein Mitarbeiter aus dem Finanzbüro sitzen in Untersuchungshaft. Weitere Festnahmen sind möglich. Ein dritter Tatverdächtiger hat sich wahrscheinlich mit zwanzig Millionen Mark abgesetzt.
Drei Wochen später lesen wir über eine Finanzfirma, die Anleger um dreihundert Millionen Mark betrogen haben soll. Das Unternehmen versprach seinen Kunden Renditen bis zu zwanzig Prozent. Der Firmenchef sagt aus, dass angelegtes Geld durch eine Bankgarantie gesichert ist. Nach Angaben der genannten Bank existieren aber weder diese Garantie noch das angeblich in Millionenhöhe hinterlegte Geld.

Keine Meldung über Kalf.
Der Staatsanwalt hat eine neue Anzeige vorliegen. Kalf wird wegen Abgabe einer falschen eidesstattlichen Versicherung und wegen versuchtem Prozessbetrugs angezeigt. Nach der Akteneinsicht von Kalfs Anwalt und dessen Stellungnahme vergehen drei Monate, bis nach einigem schriftlichem Hin und Her Kalf zur seit langem angesagten Vernehmung endlich beim Staatsanwalt erscheint. In der vorher übergebenen Stellungnahme lässt Kalf mitteilen, dass er über den Verbleib der Anlagegelder keine Angaben machen kann. Ebenso entzieht es sich seiner Kenntnis, ob Anlageverluste entstanden sind.
Grundsätzlich schiebt Kalf seinem Geschäftspartner alle Schuld zu. Der brachte mich in Schwierigkeiten, behauptet Kalf ohne Einschränkung. Deshalb konnte er die Gelder, die ihm von den Leuten, die jetzt gegen ihn klagen, übergeben wurden, nicht zurückzahlen. Einige Schulden hat er mittlerweile aus eigener Tasche zurückgezahlt oder Ratenzahlungen vereinbart. Er bestreitet, dass er den jeweiligen Geldgebern gegenüber Zusagen machte, selbst die Renditen zu erwirtschaften. Deshalb kommt es aus seiner Sicht nicht darauf an, ob er jemand über irgendetwas getäuscht hat, da ja nicht er, sondern sein Geschäftspartner der Vertragspartner der Leute war. Er hat alle Gelder an seinen Geschäftspartner weitergeleitet. Das trifft auf alle ihm jetzt vorgehaltenen Beträge zu. Bei dem Mahnbescheid der einen Bank handelt es sich um einen Kredit, der der GmbH gewährt wurde.
Der Staatsanwalt belehrt Kalf vorsorglich, dass als weiteres Vergehen verspätete Konkursanmeldung in Betracht kommt.
Kalf erklärt, dass aus seiner Sicht die GmbH weder zahlungsunfähig noch überschuldet war. Über Rückzahlungsmodalitäten hat er sich inzwischen geeinigt. Die Presseveröffentlichung über seinen Offenbarungseid hat seinen Geschäften erheblich geschadet. Auf Grund seiner Tätigkeit wird er diese Schulden ausgleichen. Davon ist er überzeugt, sagt Kalf am Schluss der Vernehmung.

Der Staatsanwalt fordert Kalfs Hauptakte vom Landgericht, weitere Stellungnahmen von dessen Rechtsanwalt und bestimmt die Wiedervorlage der Akten auf drei Monate später.

Zwischenzeitlich erhält der Staatsanwalt sechs Wochen nach der Vernehmung die nächste Strafanzeige gegen Kalf.

Eine geprellte Anlegerin schildert, wie Kalf ihr und anderen gemeinsamen Bekannten gegenüber erklärte, dass er seit Jahren Geld über eine sichere Quelle im Ausland anlegt. Das Geschäft ist absolut seriös und jeder kann sich über ihn und mit seinem Namen daran beteiligen. Die Verzinsung beträgt mindestens fünfzehn Prozent im halben Jahr. Die Zinsen werden ausgezahlt oder können dem Kapital zugeschlagen und dann weiter verzinst werden. Kalf erklärte wörtlich, dass er alle zu Millionären macht. Er selbst verdient sein Geld nicht in erster Linie mit seinem Geschäft, sondern durch diese Geldanlagen. Selbst Banker beteiligen sich bei ihm mit Anlagen. Sein Vertrauter sitzt direkt an der Börse und kann sofort zugreifen.

Sprach er von Rose oder von Tulpe? Meinte er etwa Nelke? Oder gab er nur seine Sprüche zum Besten!

Kalf brachte die Börse ins Spiel, bevor die Leute ihm Geld gaben. Das ist ein wichtiger Punkt. Damit animierte er Anlagewillige, auf sein Angebot einzugehen. Nicht einfach so, sondern wegen dieser Versprechungen überließen die Leute ihm ihr Geld.

Zum Beweis für ihre Behauptung bietet die Anlegerin zwei Zeugen an und sagt, dass sie auf Grund dieser Anpreisungen Kalf fünfzigtausend Mark übergab mit der Absprache, dass er den Betrag gemäß seiner Anpreisungen möglichst gewinnbringend anlegen soll. Kalf quittierte die Geldsumme und vermerkte vor seiner Unterschrift ein Jahr als Laufzeit. Die Anlegerin vereinbarte bei der Geldübergabe ausdrücklich, dass Kalf ein schriftliches Zertifikat über Anlageform und Sicherheit aushändigen wird.

Die Anlegerin nennt eine weitere Zeugin.

Bei allen Nachfragen nach den zugesicherten Unterlagen vertröstete Kalf die Anlegerin. Auch nach dem ersten Artikel in der Boulevardzeitung, in dem behauptet wird, dass Kalf einem Millionenbetrug aufgesessen ist, versicherte

Kalf der Anlegerin, dass für ihre Anlage keinerlei Risiko besteht, die zugesicherten Zertifikate jetzt übersandt werden und eine ordnungsgemäße Rückzahlung stattfinden wird.
Der vertraglich fixierte Rückzahlungstermin verstrich ohne Ergebnis am genannten Datum. Daraufhin versuchte die Anlegerin, ihr Geld bei Kalf persönlich zu holen. Ohne Erfolg. Auch bei diesem Treffen versicherte er, dass die Anlegerin ihr Geld zurückbekommt und er notfalls den Betrag aus eigener Tasche bezahlen wird.
Eine Zeugin wird genannt.
Die Anlegerin mahnt Kalf mehrfach schriftlich. In der Folge sagte Kalf im Beisein der genannten Zeugin die mögliche Rückzahlung in drei Monaten zum genannten Termin zu. Nichts geschieht. Kalf zahlt nicht. Ein weiteres Vierteljahr später versprach Kalf bei einem Telefonat im Beisein der Zeugin der Anlegerin, eine schriftliche Bestätigung über die Rückzahlung zu erteilen. Die Zeugin sprach ebenfalls mit Kalf. Auf Grund dieses Telefonats unterlässt es die Anlegerin wieder, gerichtlich gegen Kalf vorzugehen. Eine Zahlung erfolgt nicht.
Über ein Jahr lang ab Laufzeitende versuchte die Anlegerin durch private Gespräche, Telefonate und Schreiben, Unterlagen über das von Kalf beworbene Anlagegeschäft und schließlich die Rückzahlung des überlassenen Geldes zu erreichen. Endlich stellt sie einen Antrag auf Erlass eines Mahnbescheids. Durch seinen Rechtsanwalt legt Kalf sechs Wochen später Widerspruch ein. Der Widerspruch erfolgte nicht fristgemäß. Eine Woche darauf stellt die Anlegerin einen Antrag auf Erlass eines Vollstreckungsbescheids.
In diesem Zeitraum drohte Kalf in seinem Bekanntenkreis, dass diejenigen Personen, die gegen ihn gerichtlich vorgehen, von ihm kein Geld bekommen werden. Für diese Äußerung Kalfs gibt es mehrere Zeugen.
Acht Monate vergehen. Dann findet ein erster Termin zur mündlichen Verhandlung statt. An diesem Verhandlungstag erlässt das Gericht ein Versäumnisurteil, das Kalf zehn Tage später mit Zustellungsurkunde zugestellt wird.
Sieben Wochen danach legt Kalf erneut die eidesstattliche Versicherung ab.

Ein halbes Jahr darauf stellt die Anlegerin durch ihren Rechtsanwalt den geschilderten Strafantrag in allen rechtlichen Belangen mit der Begründung, dass Kalf zu keinem Zeitpunkt das von der Anlegerin erhaltene Geld entsprechend seinen Zusagen direkt an der Börse angelegt hat. Kalf wusste, dass er deshalb die versprochenen Zertifikate niemals würde aushändigen können, weil das Anlagegeschäft, von dem er gesprochen hatte, nicht ausgeführt wurde. Nach aller Lebenserfahrung besteht der Verdacht, dass Kalf das Geld der Anlegerin für sich selbst verbrauchte oder es zur Abdeckung eigener Verbindlichkeiten verwendete. Das Verhalten Kalfs spricht dafür und erfüllt den Tatbestand des Betrugs genau so wie Kalfs Erklärungen, mit denen er die Anlegerin von der Einleitung gerichtlicher Schritte abhalten wollte.

Der Fall dieser Anlegerin ist nur ein Beispiel, bemerkt meine Freundin, nachdem wir die elf Seiten des Schriftsatzes gelesen haben. Kalf sagt, was sein Rechtsanwalt sagt. Ist irgendwo die Rede davon, dass anwaltliche Beratung auch Betrügern zum Nachteil von Opfern gilt? Dass es so ist, weiß jeder Rechtsanwalt. Keiner wird das ernsthaft bestreiten.

Der Fall Kalf zeigt, wie es geht. Ach wie gut, dass niemand weiß. Kalf darf lügen, bis die Balken sich biegen. Das sagt mir der Staatsanwalt. Die Unschuldsvermutung gilt bis zum Beweis des Gegenteils. Der Staatsanwalt ist Herr des Ermittlungsverfahrens. Auf seine Ermittlungen kommt es an. Dann kann Kalfs Betrug bewiesen werden.

Als die Anlegerin den Antrag auf Erlass eines Vollstreckungsbescheids stellte, waren gegen Kalf bereits mehrere Klagen wegen Forderungen anhängig. Versäumnisurteile waren ergangen. Die Anlegerin wusste nicht, dass diese Verfahren zur selben Zeit gegen Kalf verhandelt wurden, als sie selbst ihrerseits noch auf privater Ebene versuchte, Kalf zu einer Rückzahlung zu bewegen und sie von ihm fortlaufend mit hinhaltenden Versprechungen vertröstet und abgehalten wurde, gerichtlich gegen Kalf vorzugehen.

Rechtsanwälte berieten Kalf, was zu tun ist, um das, was Kalf hatte, vor dem Zugriff seiner Geldgeber in Sicherheit zu bringen. An einem einzigen genannten Tag verschob Kalf alle greifbaren Vermögenswerte. Er wusste, dass lange hingehaltene Gläubiger versuchen würden, jetzt auf juristischem Weg ihr eingesetztes Geld von ihm zurückzuholen.

Vorhandene Finanzmittel trat Kalf persönlich an die Kalf GmbH ab. Wir lesen es schwarz auf weiß. Kalf an Kalf GmbH. Er begründete die Abtretung mit erheblichen persönlichen Entnahmen aus der GmbH ein Jahr vorher, die er, wen wundert das, gerade jetzt zurückerstatten muss, als Rückforderungen wegen seiner Anlagegeschäfte an ihn gestellt wurden. Für diese Zeit hatte Kalf jedoch der Anlegerin mitgeteilt, momentan nicht zahlen zu können und sie auf das nächste Frühjahr vertröstet.

Am selben Tag beschaffte sich Kalf die Bestätigung darüber, dass ihm sämtliche Geräte, die in seinem Heimtrainingsstudio stehen, nur leihweise überlassen wurden. Eigentümer ist eine andere genannte GmbH.

Aus seinem Bruttogeschäftsführergehalt bei seiner GmbH trat er einem Familienmitglied für angebliche Schulden monatlich mehr als zwei Drittel der Summe ab. Die Abtretung bezog sich weiter auf sonstige private Einnahmen wie auch auf Einnahmen aus neun genau bezeichneten Verträgen mit genannten Medienunternehmen. Die GmbH nahm alle Abtretungen an, verzichtete auf sofortige Geltendmachung und stundete die Rückführung bis zum genannten Datum. Schließlich übereignete Kalf seine Wohnungseinrichtung durch eine Sicherungsübereignung an eine Person, bei der er ebenfalls erhebliche Schulden vorgab. In der Vereinbarung wurde diese Schuld in ein Darlehen umgewandelt und die Forderung daraus Kalf bis zum genannten Datum wie gehabt gestundet. Genau so verfuhr Kalf mit seinem Auto. Der dann erfolgten eidesstattlichen Versicherung sind die vorsorglich vorher getätigten vertraglichen Vereinbarungen beigefügt.

Im Klartext heißt das, dass Kalf ab dem Zeitpunkt der eidesstattlichen Versicherung seine Vermögenslosigkeit offiziell bekannt gab. Dass er lange zuvor aktiv dafür gesorgt hatte, darüber ließ er seine Gläubiger durch Irreführung bewusst im Unklaren, während diese ihr Geld von ihm zurückforderten. Unter anwaltlicher Anleitung schaffte das Kalf. Sein Helfershelfer befürchtete nicht, kein Honorar zu erhalten. Als Kalf die Hand hob, war der Reibach gemacht.

Der Anwalt der Anlegerin vermutete, dass die angeblichen Schulden frei erfunden waren. In jedem Fall dienten die Vereinbarungen dazu, bestimmten Personen unter Benachteiligung der übrigen Gläubiger sämtliche Kalf noch gehörende Forderungen und Sachen zu übertragen. Der Anwalt stellt Strafantrag bei der Staatsanwaltschaft des Landgerichts und beantragt nach Abschluss der Ermittlungen Akteneinsicht. Drei Tage später wird auch dieses Verfahren durch Verfügung des Oberstaatsanwalts des genannten Landgerichts vom bereits in Sachen Kalf tätigen Staatsanwalt der Schwerpunktstaatsanwaltschaft übernommen. Der Mann bearbeitet solche Großverfahren. Gegen Kalf ist ein neues umfangreiches Ermittlungsverfahren als Sammelverfahren anhängig. Es wird darauf hingewiesen, dass das dortige Aktenzeichen nicht bekannt ist. Um Übernahmebestätigung wird gebeten.
Eine Woche später bestätigt der Staatsanwalt die Übernahme wegen vorrangiger Sonderzuständigkeit. Die neuen Verfahren werden zu den vorhandenen hinzuverbunden. Das Verfahren gegen Kalf als Geschäftsführer der GmbH bleibt isoliert. Bis zur zweiten Vernehmung Kalfs als Beschuldigter vergehen fünf Monate. Zwischen der ersten Vernehmung und der zweiten liegen insgesamt sechseinhalb Monate.
In der zweiten Beschuldigtenvernehmung bestätigt Kalf, dass von zwei Banken ein Antrag auf Abgabe der eidesstattlichen Versicherung gestellt wurde. Mit den Banken wird eine Vereinbarung zur Rückzahlung durch monatliche Raten angestrebt, sagt Kalf. Wovon will er das eigentlich bezahlen? Hat sich dafür der wegen Betrugs ermittelnde Staatsanwalt nicht zu interessieren?
Zur neuen Strafanzeige der Anlegerin bestätigt Kalf die Übergabe des Geldes und die Quittierung mit seiner Unterschrift. Er bleibt dabei, dass er das Geld an seinen Geschäftspartner weitergegeben hat, der ihm gegenüber behauptete, dass das Geld angelegt wird. Kalf bestätigt auch die schriftliche Rückzahlungsforderung der Anlegerin. Die geforderten fünfzigtausend Mark hatte er aber nicht zur Verfügung. Das betont Kalf erneut. Er sagte, was er allen Anlegern gegenüber immer erklärte. Das Geld hat er für die Anlagen seines Geschäftspartners genommen. Er wird das Geld zurückzahlen, sobald er kann.

Kalf bestätigt die Abtretung seiner Vermögenswerte an seine GmbH und die genannten Personen. Alle Transaktionen stehen im Zusammenhang mit der Kapitalanlage bei seinem Geschäftspartner. Die bedachten Personen wollten eine Absicherung ihrer Ansprüche. Kalf erklärt dazu, dass er in keiner Weise versucht hat, irgendeinen der Gläubiger zu bevorzugen.
Der Staatsanwalt verfügt eine Woche nach der zweiten Vernehmung die Einstellung des Verfahrens wegen Verdachts der Untreue, Betrug und anderem, weil Kalfs Täterschaft, Tat oder Tatumstände nicht nachweisbar sind oder die Tat unter keinen Straftatbestand fällt. Etwaige zivilrechtliche Ansprüche werden durch diesen Bescheid nicht berührt. Eine Beschwerdebelehrung ist beigefügt. In der Einstellungsbegründung teilt der Staatsanwalt der Anlegerin mit, dass der Verdacht gegen Kalf bestand, dass er entgegen seinen Behauptungen wusste oder wissen konnte, dass es sich bei seiner Geldanlage um kein solides Geschäft handelt. Kalf lag zur Last, trotzdem Gelder von Kapitalanlegern entgegen genommen und bei der Anlage hohe Renditen versprochen zu haben. Letztlich kam es zu keinen oder nur geringen Geldrückflüssen. Diese Vorgänge waren bereits Gegenstand der Ermittlungen gegen Kalf, was zu einer rechtskräftigen Verurteilung von Kalf wegen Untreue führte. Dabei wurden die Kapitalanlagen von zwei genannten geschädigten Antragstellern bereits abgeurteilt, so dass ein Verfahrenshindernis besteht. Die Strafanträge von zwei weiteren geschädigten Antragstellern und der Strafantrag für unsere Anlegerin wurden eingestellt, da die zu erwartende Strafe bei der bereits im Gesamtkomplex erfolgten Verurteilung nicht mehr ins Gewicht fällt.
Der beschuldigte Kalf hat den Empfang der Gelder jeweils privat quittiert, wobei den Anlegern die Weiterleitung der Gelder durch Kalf zur Anlage bekannt war. Kalf hat sich durch die Quittierung selbst in die zivilrechtliche Haftung gebracht, da er nicht als Vermittler auftrat. Der Nachweis, dass er davon wusste, dass sein Geschäftspartner beziehungsweise dessen Firma die Gelder nicht vertragsgemäß zur Erwirtschaftung von Renditen verwendete, konnte nicht erbracht werden.
Der zusätzlich angezeigte Verdacht der Vereitelung der Zwangsvollstreckung unserer Antragstellerin wird ebenfalls mangels Tatnachweis eingestellt. Die

Ermittlungen dazu ergaben, dass konkrete Zwangsvollstreckungsmaßnahmen erst nach Erlass des Versäumnisurteils und Zustellung an Kalf möglich waren. Die von Kalf vorgenommenen Abtretungen von Gehaltsansprüchen oder die sicherungsweise Überweisung von Gegenständen erfolgten zum genannten Datum auf Grund bestehender Ansprüche anderer Gläubiger. Aus Kalfs Sicht bestand zu diesem Zeitpunkt noch keine drohende Zwangsvollstreckung seitens unserer Antragstellerin.

Unsere Befürchtungen waren richtig gewesen. Meine Freundin und ich hatten diese Bezugnahme zur ersten Verurteilung von Kalf vor knapp zwei Jahren erwartet. Dagegen ist zu sagen, dass die genannten Geschädigten mit ihren Anlagen zwar Gegenstand dieser ersten Verurteilung waren, aber nicht Antragsteller. Der Schaden der Geschädigten wurde ohne Wissen dieser Geschädigten verhandelt und die Geschädigten wurden ausdrücklich nicht als Beteiligte oder als Zeugen vernommen, da Kalf die Vorwürfe einräumte und geständig war. Haben die Geschädigten kein Recht auf eigenes Gehör? Indem der Staatsanwalt darauf verzichtete, wurde allen vierundzwanzig in Kalfs Strafbefehl genannten Geschädigten grundsätzlich die Möglichkeit genommen, in eigener Sache Strafantrag gegen Kalf zu stellen, da ihr Schaden bereits, wie gesagt ohne deren Wissen, abgeurteilt wurde. Die Einstellung der Strafanträge der zwei weiteren Antragsteller und unserer Anlegerin ist uns ein Rätsel. Die Begründung besagt faktisch, dass der gesamte Schaden der drei Anleger in Höhe von einer knappen Million Mark im Hinblick auf Kalfs bereits erfolgte Verurteilung keine weitere Bestrafung Kalfs erwarten lässt. Wo bleibt der einzelne Geschädigte? Wo seine persönlichen Rechte?

Und ist nicht, so fragen wir uns, gerade das Auftauchen weiterer Geschädigter ein hinreichender Anlass, die Ermittlungen gegen Kalf unter veränderten Gesichtspunkten neu aufzurollen und zwar auf eigene Veranlassung des Staatsanwalts? Kann der Staatsanwalt die Vermutung von seiner Hand weisen, dass weit mehr hinter Kalfs Betrugsgeschäften steckt, als bisher gesehen wird? Kalf behauptet, die erhaltenen Gelder weitergeleitet zu haben. Das Auftauchen der Gelder bei Kalfs Geschäftspartner wird nicht als ermittelt erwähnt. Darf der Staatsanwalt Kalf glauben? Muss nicht vielmehr jede Aussage Kalfs, für die es sonst keinen Beweis gibt, außer Acht gelassen werden? Kalf versprach allen Geldgebern wiederholt Unterlagen für die gepriesene Anlage, die er letztlich aber nie beibrachte. Liefern nicht die Aussagen aller Anleger dazu den geforderten Beweis dafür, dass Kalf die überlassenen Gelder eben von vorneherein nicht weiterleitete, weil er wusste, dass eine Anlage überhaupt nicht stattfand? Auch das ist ein Hinweis auf weitere mögliche, noch verborgene Betrugsgeschäfte. Dass er sich durch die Quittierung zivilrechtlich selbst in die Haftung brachte, begründet Kalf mit der noch nicht vorhandenen anwaltlichen Beratung und dem Vertrauen auf seinen Geschäftspartner. Das ist eine Schutzbehauptung. Diese Ausrede unterstreicht die bloße Absicht Kalfs, einmal damit angefangen, weiter um jeden Preis Geld zu sammeln. Jede andere Annahme ist lebensfremd angesichts der zwischenzeitlich bekannten persönlichen Geldnot von Kalf. Das Funktionieren seiner Sammelpraxis wird deutlich. Kalf erhielt und nahm Geldbeträge auch ohne Quittierung. Diese Aussage bestätigt Kalfs größter bis jetzt bekannt gewordener Gläubiger, die der Staatsanwalt kennt. Der Staatsanwalt wusste weiter, dass Kalf sich von seinem Geschäftspartner drei Millionen Mark für ein eigenes Geschäft lieh. Kalf wusste, dass das Anlegergeld ist und der Staatsanwalt konnte das in den Akten nachlesen. Auch das beweist, dass Kalf wusste, dass Anlagen nicht getätigt wurden. Nur deshalb konnte sein Geschäftspartner darüber verfügen und das Geld Kalf überlassen.

Fristgerecht legt der Anwalt der Anlegerin nach drei Wochen Beschwerde gegen den Einstellungsbescheid der Ermittlungen gegen Kalf ein. In der Begründung vertritt deren Anwalt entgegen der Ansicht des Staatsanwalts den Standpunkt, dass Kalf zum Zeitpunkt der Vermögensverschiebungen mit einer zwangsweisen Beitreibung der Forderung durch die Anlegerin rechnen musste, da sie bereits fünf Monate vorher als erste der dann folgenden Maßnahmen einen Antrag auf Erlass eines Mahnbescheids stellte. Damit weiß ein Schuldner, dass die Beitreibung der offenen Forderung eingeleitet ist. Da Kalf im Klageverfahren keinerlei Einwendungen gegen die Forderung erhob, ist erwiesen, dass der Prozess ausschließlich der Verschleppung diente, um in der gewonnenen Zeit noch greifbares Vermögen auf die Seite zu schaffen und die

Zwangsvollstreckung zu vereiteln. Kalf machte seine Drohung wahr. Wer gegen ihn vorgeht, bekommt nichts mehr.

Nimmt ein Staatsanwalt nicht wahr, was wahr ist?

Schaut er nicht genau hin? Worauf achtet der Mann? Wo liegt der Hund begraben?

Lassen unsere Gesetze den Spielraum? Liegt es an der Person des Staatsanwalts und an der für die Ermittlungen zuständigen Behörde?

Wird aus Ersparnisgründen kurzer Prozess gemacht? Gibt es deshalb zwangsläufig Liberalität und Pragmatismus gegenüber Betrügern?

Wer hat den schwarzen Peter?

Die üblicherweise Schuldigen wehren sich.

Die Ermittler der Kriminalpolizei sehen in der Umkehr der Beweislast bei dubiosen Geldtransaktionen die einzig effektive Waffe. Geld, für das kein offizieller Nachweis erbracht wird, kann dann legal beschlagnahmt werden, wenn ermittlungstaktische Gesichtspunkte dieser Maßnahme nicht entgegenstehen. Ein langer Atem ist nötig, kurzfristige Erfolge sind selten. Bei der aktuellen Gesetzeslage wird der Datenschutz zum Täterschutz. Die Arbeit von Polizei und Justiz wird unnötig erschwert, wenn der Gesetzgeber das nötige gesetzliche Instrumentarium verweigert und die Beweisführung immer weiter nach oben schraubt. Dazu kommt die lange Zeitdauer der bürokratischen Vorgänge. Betrüger lachen sich tot über faule Kompromisse und die gezeigte Unfähigkeit, den Realitäten Rechnung zu tragen.

Auch das neu erlassene Geldwäschegesetz konnte den kriminellen Geschäften mit hohen Bareinzahlungen bei Banken kein Ende bereiten. Der überwiegende Teil der angezeigten Fälle wird wegen Beweismangel eingestellt. Um Geldwäschern das Handwerk zu legen, wird die Schaffung einer zentralen Datenbank bei einer Schwerpunktstaatsanwaltschaft gefordert. Weltweit operierende Finanzverbrecher finden genügend Offshore-Banken, wo sie unbehelligt bleiben. Das gesamte Ausmaß der Geldwäsche bleibt ohne internationale Zusammenarbeit mit einer hohen Dunkelziffer im Verborgenen.

Teile der organisierten Kriminalität sind schon unfassbar geworden. Auf Grund politischer Versäumnisse haben sich Strukturen gebildet, die sich dem Zugriff

der Polizei entziehen. Die eigentliche Gefahr liegt im Bereich der Wirtschaftsverbrechen. Rauschgifthändler und Waffenhändler sind für die Öffentlichkeit schön greifbar. Die Wirtschaftskriminellen dagegen bilden Strukturen, die nicht mehr angreifbar sind, obwohl sie namentlich und ihre kriminelle Karriere bekannt ist. Die Leute leben kommod zwischen uns.
Die Anbieter auf dem grauen Kapitalmarkt haben in einem genannten Zeitraum von fünf Jahren Millionenbeträge in mehrstelliger Höhe eingenommen. Je Firma liegt die Spanne der Gesamteinzahlungen zwischen einer Million und fünfzig Millionen Mark und höher. Die Investitionen enden oft mit einem Totalverlust für die Anleger. Vereinnahmtes Anlagekapital wird regelmäßig nicht wie vereinbart investiert, sondern absprachewidrig verwendet. Belege erweisen sich als Fälschungen und Firmen entpuppen sich als Briefkästen im Ausland. Zehntausende Kapitalanleger sind durch unseriöse und kriminelle Anbieter von Finanz- und Terminanlagen geschädigt worden.
Im Kampf gegen Geldwäsche fehlen spektakuläre Ermittlungserfolge. Zur Bekämpfung müssen Spezialisten ausgebildet werden. Transaktionen sind im internationalen Zahlungsverkehr kaum auszumachen. Die Fahnder sind nach einer Aussage des Bundesaufsichtsamts für das Kreditwesen bei der Suche nach Verbrechergeld weitgehend erfolglos. Illegale Transaktionen sind schwer vom legalen Alltagsgeschäft zu unterscheiden. Unter missbräuchlicher Ausschöpfung rechtlicher Gestaltungsmöglichkeiten wird der wahre Charakter der Geschäfte verschleiert.
Die Justiz arbeitet in vielen Bereichen am Rande ihrer Kapazität. Als Notmaßnahme wird daran gedacht, Fälle nur noch zu registrieren statt zu bearbeiten. Der drastische Anstieg von Konkursverfahren und Mahnverfahren bindet unbearbeitete Forderungen in dreistelliger Millionenhöhe. Bei unserer Anlegerin dauerte es acht Monate vom Antrag auf Erlass eines Mahnbescheids bis zum Erlass eines Versäumnisurteils. Die unerträgliche Bearbeitungsdauer von Mahnverfahren bedroht die Existenz vieler Gläubiger.
Das ist ein allgemeiner Situationsbericht, sage ich, aus dem Zeitabschnitt zusammengestellt, als die Ermittlungen gegen Kalf trotz zahlreicher Anzeigen nach seiner Verurteilung wieder aufgenommen und wieder eingestellt werden.

Das Regionalblatt informiert in mehreren Beiträgen über die Probleme bei der Verfolgung von Wirtschaftskriminellen. Auf einer Veranstaltung von Medienexperten werden regionale Medien als Sprachrohr ihres Verbreitungsgebiets herausgestellt. Ein Chefredakteur plädiert für einen engagierten Lokaljournalismus, der sich einmischt, aber nicht in Abhängigkeit gerät.

Hier haben wir Kalf!

Überregionale Zeitungen, Magazine und Boulevardblätter berichten über Kalf im Zusammenhang mit seinen Anlagebetrugsgeschäften.

Im Regionalblatt wird dieser Fall Kalf konsequent totgeschwiegen.

VI. Verschlepptes Verfahren

Wie viele Millionen hat Kalf eingesammelt und verschoben? Geht es überhaupt noch um Anlagen bei Kalfs Deal? Vermutlich sind die Anzeigen einzelner Geschädigter bei den Ermittlungen gegen Kalf lediglich die Kleinteile in seinem gesamten Betrugsgeschäft.

Vierzehn Tage nach der Einstellung der Ermittlungen gegen Kalf meldet sich der Anwalt des Betriebswirts beim Staatsanwalt und ersucht um umgehende Akteneinsicht, da er für seinen Mandanten Schadensersatzansprüche geltend zu machen hat. Die Akteneinsicht wird in den Räumen der Staatsanwaltschaft genehmigt. Auf Grund der Beschwerde des Anwalts unserer Anlegerin werden die Ermittlungen gegen Kalf durch eine Entscheidung des Oberstaatsanwalts wieder aufgenommen. Seit der Einstellungsverfügung sind knapp vier Monate vergangen. Die Wiederaufnahme betrifft den Verdacht der Vereitelung der Zwangsvollstreckung und die Ermittlungen wegen einer möglichen Konkursverschleppung, die noch nicht abgeschlossen sind. Der Staatsanwalt fordert die Bilanzen der Kalf GmbH und Angaben über dessen sonstige aktuelle Verbindlichkeiten. Beamte der zuständigen Kriminalpolizei werden mit Kalfs Anwalt Kontakt aufnehmen. Gefordert wird binnen einer Frist von vier Wochen die Vorlage sonstiger Verträge zwischen Kalf und der Kalf GmbH, anderen Personen und Firmen.

Die Ermittlungen wegen des Verdachts des Prozessbetrugs werden im Hinblick auf das offene Zivilverfahren zwischen Kalf und einer anderweitig Beschuldigten vor dem Landgericht vorläufig zurückgestellt. Dieses Verfahren betrifft die Person, die Kalf mehrfach vorschob, um auf Rückzahlung drängende Gläubiger hinzuhalten.

Das Ermittlungsverfahren wegen der Annahme von Geldern für die Firma seines ebenfalls beschuldigten Geschäftspartners bleibt jedoch eingestellt. Muss diese Einstellung trotz laufender Überwachung in ermittlungstaktischer Hinsicht gesehen werden? Das ist die eine Sicht der Dinge. Dem einzelnen Betrogenen nützt das wieder nichts. Kalf gewinnt erneut Zeit und verkündet allenthalben die Einstellung der Ermittlungen gegen ihn. Das ist sein Persilschein. Andere haben ihn betrogen, kann er jetzt eine Zeit lang sagen. Neue Kundschaft kann kommen.

Kalf wiegt sich in Sicherheit.

Seit zweieinhalb Jahren wird jetzt gegen Kalf ermittelt. Ebenso lange läuft die Bearbeitung der Strafanzeige unserer Anlegerin.

Der Staatsanwalt hat alle Ermittlungen gegen Kalf an sich gezogen. Der Mann war im wahren Sinn des Worts allein der Herr der Strafverfahren gegen Kalf. Kalf wurde zweimal vernommen. Unternimmt der Staatsanwalt weiter nichts, geschieht nichts weiter.

Kalf kann das nur recht sein. Dass er verdächtigt wurde, tangierte ihn nicht. Im Gegenteil. Die Regenbogenpresse lebt von Geschichten wie Kalf sie lieferte. Er befand sich im dritten Jahr seiner vierjährigen Bewährungszeit. Seit seinem letzten Offenbarungseid war Kalf persönlich finanziell nicht mehr zu fassen. Die Schadensersatzansprüche seiner geprellten Anleger liefen ins Leere, obwohl Kalf weiter mit seinen Firmen Geld verdiente. Werbeannoncen lesen wir im Regionalblatt. Jede ist ein Schlag ins Gesicht derjenigen Geschädigten, die sich nicht schämten, zu bekunden, wie dumm und dreist Kalf sie betrügen konnte.

Vertrauen in eine funktionierende Justiz hat im Fall Kalf keiner mehr. Verschwörungstheorien machen die Runde. Ein Deal mit dem Staatsanwalt wird vermutet und Protektion für Kalf durch einflussreiche Anleger, deren Anonymität auf jeden Fall gewahrt werden muss.

Kalfs Gläubiger erfahren stattdessen aus dem Regionalblatt von Betrügern, die vor der Justiz keine Gnade gefunden hatten und nicht mit einer Bewährungsstrafe davon kamen wie Kalf. Jeder dieser Fälle hat etwas von Kalfs Betrug.

Ein Betrüger bot solventen Kunden eine angeblich hundertprozentig sichere legale Anlagemöglichkeit. Der Immobilienfinanzierungs- und Versicherungsmakler versprach seinen Geldgebern, das eingezahlte Kapital in drei Monaten zu verdoppeln. Mehr als zwanzig Interessenten stellten dem Mann knapp vier Millionen Mark zur Verfügung. Der Betrüger legte das Geld jedoch nicht an, sondern beglich damit eigene Verbindlichkeiten. Der Mann war mit einem Anlagemodell, ähnlich dem seinen, betrogen worden. Teilweise investierte er erhaltene Anlagegelder in unrentable Finanzierungsprojekte. Den Großteil des Kapitals verbrauchte der Mann für sich selbst. Geschäftsfreunden gewährte er Darlehen. Der Mann setzte sich ins Ausland ab, nachdem die Betrügereien aufgeflogen waren. Einige Geschädigte machten ihn ausfindig und überredeten ihn, im Auto mit zurückzufahren und die Sache in Ordnung zu bringen. Beim Grenzübertritt stoppten die Leute überraschend und sorgten für die Festnahme des Betrügers. Dann: Zwei ehemalige Köche und ein Kfz-Mechaniker wurden wegen millionenfachen Betrugs zu mehrjährigen Haftstrafen verurteilt. Ein Richter nannte deren Werbung für ein vermeintliches Anlageprojekt ein Märchen. Die Angeklagten hatten über hundert Opfer um insgesamt sechskommafünf Millionen Mark geschädigt. Die Erwirtschaftung der Renditen hatten die Betrüger im Auftrag eines unbekannten Drahtziehers durch eine amerikanische Aktiengesellschaft versprochen, die noch nicht gegründet war. Dann: Ein Millionenbetrüger wurde zu einer mehrjährigen Haftstrafe verurteilt. Der Richter war der Meinung, dass der Angeklagte von Anfang an wusste, dass das angebotene Geschäft, auch für den Laien ersichtlich, nicht funktionieren kann. Auch als der Mann wusste, dass das Geschäft seines Partners nicht funktionierte, warb der Verurteilte weiter. Dann: Im Jahr der deutschen Wiedervereinigung starteten vier Tatverdächtige Anlagebetrugsgeschäfte, wobei sie von neunhundert gutgläubigen Personen rund dreißig Millionen Mark einsammelten, die angeblich an einer amerikanischen Börse gewinnbringend angelegt werden sollten. Die anfänglichen sporadischen Renditezahlungen stellten die Betrüger mit der Begründung von Fehlspekulationen der amerikanischen Firma ein. Die amerikanische Bundespolizei ermittelte die Firma als Briefkastenfirma, hinter der sich als Kopf einer der Betrüger verbarg. Der Mann saß nicht in Amerika. Er betrieb sein Geschäft im Umkreis der geprellten Anleger. Der Verbleib der Millionen ist bislang ungeklärt. Der Ermittlungsrichter erließ Haftbefehl. Zwei der Beschuldigten legten umfangreiche Geständnisse ab. Die Kriminalpolizei bat Geschädigte, sich mit ihr in Verbindung zu setzen. Dann: Ein ehemaliger

Anwalt schädigte fünfzig Kapitalanleger um mindestens zwanzig Millionen Mark und wurde dafür zu fünfeinhalb Jahren Haft verurteilt. Die wenigsten der Anleger hatten Anzeige erstattet. Die Kanzlei des Anwalts galt als Adresse für Schwarzgeld. Deswegen dürfen die meisten Geschädigten nach Meinung des Gerichts nur leise über den Verlust ihres Geldes weinen. Als die Geschäfte des Anwalts keine Gewinne mehr abwarfen, bezahlte der Anwalt mit dem Geld neuer Anleger nur noch die Zinsen für ältere Kunden. Ein umfassendes Geständnis ersparte dem Gericht jahrelange Ermittlungen und einen langen Prozess und dem Angeklagten eine doppelt so hohe Haftstrafe. Dann: Ein Anwalt täuschte mit einem Komplizen ungefähr fünfzig Anleger mit einem Anlagemodell, für das die Männer insgesamt fünf Millionen Mark erhielten. Versprochen wurde mindestens die Verdoppelung des Kapitals innerhalb weniger Wochen. Der Anwalt ist geständig. Dann: Wegen Geldwäsche wurde ein Kaufmann zu einer Bewährungsstrafe verurteilt. Der Mann verwendete zur Finanzierung eines eigenen Projekts mehrere Millionen Mark einer betrügerischen Firma, die ausschließlich zur Ausbeutung gutgläubiger Geldgeber gegründet worden war. Der mutmaßliche Haupttäter, der über seine Firma wertlose Anteilscheine mit utopischen Jahresrenditen verkaufte, wurde zu fünf Jahren Haft verurteilt. Dann: Mit einem Geschäft im Schneeballsystem wurden eintausend Kleinanleger um insgesamt rund zwanzig Millionen Mark durch ein Gaunertrio betrogen. In keinem Fall kam es zur vollen und rechtzeitigen Auszahlung der versprochenen Rendite. Viele Anleger verloren das vermeintlich angelegte Geld ganz. Die Betrüger hatten ein Netz von Mitarbeitern aufgebaut. Die amerikanische Firma erwies sich als Briefkastenfirma. Bereits zwei Jahre vorher hatten Banken Verdachtsanzeigen nach dem Geldwäschegesetz erstattet. Nach einer ersten Durchsuchung verlagerten die Betrüger ihre Aktivitäten in Nachbarländer und die Ermittlungen gerieten ins Stocken. Ein Jahr später wurden auch im Ausland Strafanzeigen erstattet. Anklage wurde erhoben.

Kalfs Betrug liest sich wie diese Geschichten. Ein Strafbefehl wegen Untreue und Steuerhinterziehung beendete den Fall Kalf für den Staatsanwalt. Kalfs eigene Geschäfte und seine Auslandskonten wurden nicht ermittelt. Das war der Deal dahinter. Da es keine prozessbeteiligten Kläger gab, erhob niemand Einspruch. Interessierte sich der Staatsanwalt nicht für die Geschichte dahinter?

Kalfs Verbindung zu Nelke und seine Eigengeschäfte waren kein Geheimnis geblieben.

Nicht das, sondern neue Strafanzeigen brachten den Fall Kalf erneut ins Rollen.

Schau auf das Datum der Mitteilung, sage ich zu meiner Freundin.

Die Frage an Kalfs Anwalt, ob er ihn noch juristisch vertritt, ist exakt ein Jahr nach der Mitteilung über die Wiederaufnahme der Ermittlungen datiert.

Ein Jahr lang geschah also nichts, weder Vernehmungen, noch irgendein Schriftverkehr. Die Aktenseiten, die uns vorliegen, sind paginiert. Es fehlt keine Seite.

Das nenne ich Verschleppung des Verfahrens, sagt meine Freundin, nach Lage der Akten ist dieser Vorwurf nicht von der Hand zu weisen.

Wieso reagierte der Anwalt unserer Anlegerin nicht? Ohne Nachfrage von Beteiligten liegt der Vorgang womöglich bis zum Sankt Nimmerleinstag.

Nach einer Woche teilt Kalfs Anwalt mit, dass sich die Vorlage der Bilanz verzögert. Eine Fristverlängerung um vierzehn Tage wird eingeräumt, die wiederum nicht eingehalten wird. Die Verzögerungen werden vom Staatsanwalt ohne Sanktionen hingenommen. Kalfs Anwalt teilt telefonisch mit, dass die Unterlagen durch Kalf zusammengestellt werden. Der Staatsanwalt plant die erneute Vernehmung des Beschuldigten in etwa zwei Wochen. Auch der Anwalt unserer Anlegerin meldet sich jetzt wieder und fragt nach, wie weit die Ermittlungen nach der Wiederaufnahme gediehen sind und ob in absehbarer Zeit mit einer Anklage zu rechnen ist. Alle Pfändungsversuche für seine Mandantin, die eine titulierte Forderung gegen Kalf besitzt, gingen ins Leere.

Die Ermittlungen dauern noch an, lautet die Antwort. Der Abschluss kann im Moment nicht beurteilt werden, sagt der Staatsanwalt.

Der Staatsanwalt teilt Kalfs Anwalt den neuen Vernehmungstermin und einen Fragenkomplex mit, zu dem Kalf befragt werden soll. Vorab bittet er um Zuleitung der Unterlagen zur Beurteilung einer Überschuldung bzw. der

Zahlungsunfähigkeit der GmbH. Kalf soll Auskunft geben über etwaige neue Vereinbarungen mit Banken hinsichtlich der Rückzahlung der Darlehen. Weiter wird der Staatsanwalt Kalf fragen, welche Zahlungen auf die von Kalf entgegengenommenen Gelder im Zusammenhang mit der Geldanlage über Nelke getätigt wurden. Wie ist der derzeitige Stand der Schulden, wird Kalf gefragt werden.

Gefahr ist im Verzug. Diese Fragen zielen in eine Richtung, die bis jetzt nicht zur Sprache gekommen war.

Sind das nicht eigentlich Fragen, die schon vor der ersten Verurteilung gestellt werden mussten, überlegen wir uns.

Kalf verschaffte sich Luft.

Bis zur beabsichtigten dritten Vernehmung Kalfs vergehen noch dreieinhalb Monate. Kalf hatte gesundheitliche Probleme, das war die erste Verschiebung. Dann hatte Kalf geschäftliche Termine, das brachte die zweite Verschiebung.

VII. Verspätete Vernehmungen

Kalfs Strafakten liegen seit vier Jahren auf dem Tisch. Die Akten sprechen eine deutliche Sprache. Das Verfahren zog sich nicht nur durch halbherzige Ermittlungen des Staatsanwalts und durch Kalfs Verzögerungstaktik in die Länge. Neue Strafanzeigen von Betrogenen, deren Namen nicht auf der Liste seines alten Strafbefehls zu finden waren, ließen den Umfang der Akten zwar langsam, aber stetig wachsen. Trotzdem. Weitergehende Ermittlungen lagen im Ermessen des Staatsanwalts.

Ein Problem liegt bisher in der verhältnismäßig geringen Anzahl von Strafanzeigen, sage ich. Jede Anzeige mehr kann verwertbare Erkenntnisse bringen und den fehlenden Mosaikstein liefern, darüber sind sich meine Freundin und ich einig. Und dann muss ein Staatsanwalt an umfassenden Ermittlungen interessiert sein, sage ich noch dazu. Wir müssen Öffentlichkeit schaffen. Kalfs Betrug muss veröffentlicht werden.

Es muss sofort geschehen.

Der Entschluss war gefasst. Ein Anruf beim Chefredakteur genügte. Am nächsten Arbeitstag trafen wir die beiden Journalisten zu einem ersten Gespräch.

Wir berichteten, was wir wussten. Als wir danach mit Hilfe eines Informanten Einsicht in Kalfs Akten bekamen, entdeckten wir bei unserer Recherche in einer der jüngsten neuen Anzeigen Hinweise auf inländische und ausländische Bankverbindungen, Kontonummern und Geschäftsbeziehungen.

Das fehlte bisher.

Man muss nur warten können, bis die Leiche vorbeischwimmt, sagten die Journalisten beim ersten Gespräch. Dann kam das Treffen zusammen mit dem Detektiv.

In der Presse ist Kalf wieder ein Thema.

Zuerst berichten das Magazin und dann die Boulevardpresse über Kalfs fragwürdige Geldanlagegeschäfte. Bei einem Renditeversprechen zwischen zwanzig und dreißig Prozent gaben die Anleger Kalf nicht nur alleinige

Verfügungsmacht über ihr Geld, sondern erlaubten ihm auch, das Geld nach eigenem Gutdünken bestmöglich anzulegen. Kalfs Verurteilung wegen Untreue und Steuerhinterziehung wird berichtet und auf die noch laufende Bewährungszeit wird hingewiesen. Detektive sind Kalf auf den Fersen. Nach vertraulichen Mitteilungen wurde Beweismaterial von der Staatsanwaltschaft beschlagnahmt. Nach neuen Erkenntnissen soll Kalf mit eigenen Geschäften über vierzig Millionen Mark abgezockt haben. Kalfs Geschäftspartner ist seit fünf Jahren noch immer nicht angeklagt und wartet auf sein Verfahren. Fünfhundert Anleger sollen betrogen worden sein. Die Affäre um Kalf wird immer mysteriöser. Das Spekulantengeld verschwand offenbar im Ausland. Über Monaco in Richtung Schweiz. Wenn sich dieser Anfangsverdacht bestätigt, muss Kalf mit einem zweistelligen Strafmaß rechnen.

Ab diesem Zeitpunkt entschließt sich auch das Regionalblatt, seine Leser über den in der Region lebenden Kalf zu informieren. Das Blatt bezieht sich auf Meldungen und ein im Magazin abgebildetes Dokument, aus dem hervorgeht, dass Kalf Direktor und Präsident einer internationalen Finanzfirma ist, über die zahlreiche betrügerische Anlagegeschäfte abgewickelt wurden.

Die Presseberichte zeigen Wirkung.

Sechs neue Anzeigen von betrogenen Anlegern liegen auf dem Tisch des Staatsanwalts.

Dann erscheint Kalf als Beschuldigter mit seinem Anwalt zur Vernehmung. Zunächst wird er zu den neuen Anzeigen vernommen. Kalf wiederholt seine altbekannte Aussage, dass alle Anleger wussten, dass er die erhaltenen Geldbeträge nur an seinen Geschäftspartner und dessen Firmen weitergab. Zwar kannten die Anleger die einzelnen Firmennamen nicht, aber sicher traf sich zumindest einer der Anleger allein mit seinem Geschäftspartner. Einige der Anleger stellten ihm weiter Geldbeträge zur Verfügung, obwohl diese Personen über seine Millionenschulden Bescheid wussten. Auch der Banker kannte seine finanzielle Situation. Diese Gläubiger gehen wegen der Geschichte mit seinem Geschäftspartner teils gerichtlich, teils außergerichtlich gegen ihn vor. Der Rechtsanwalt eines Anlegers drohte ihm mit publikumswirksamen Taschenpfändungen in Anwesenheit der Presse.

Auf Vorhalt bestätigt Kalf, sich für eine Darlehenssumme einer Anlegerin bei der Bank verbürgt zu haben, die er selbst als Anlage erhielt. Er erhielt das Geld in bar und leitete es an seinen Geschäftspartner weiter. Behauptete Forderungen, die er gegen eine andere Person geltend macht, hat er an verschiedene Gläubiger abgetreten. Er nennt das Finanzamt und vier Gläubiger.

Auf Nachfrage des Staatsanwalts weist er entsetzt zurück, dass er auf ein von ihm gehaltenes Konto selbst Geld erhalten hat, auch nicht auf dem Umweg über ein Auslandskonto.

Zum laufenden Verfahren wird er gesondert Stellung nehmen. Die vereinbarten Termine konnten aus verschiedenen Gründen wechselseitig nicht eingehalten werden. Der Rechtsanwalt erklärt, dass die Kanzlei zusammen mit einer Wirtschaftsprüferin die finanzielle Situation der GmbH zurzeit aufarbeitet. Eine Stellungnahme kann in ungefähr vier Wochen abgegeben werden.

Welchen Wert hat Kalfs Aussage? Es ist nicht seine erste Vernehmung. Allenfalls wird zugegeben, was nachgewiesen werden kann. Ansonsten darf ein Beschuldigter ungestraft behaupten und lügen, dass die Balken sich biegen. Kalf weiß das längst.

Der Detektiv teilt dem Staatsanwalt mit, dass sich Originalunterlagen über Kalfs Geldanlagegeschäfte bei der Steuerfahndung befinden. Der Mann ermittelte für seinen Auftraggeber bereits vor eineinhalb Jahren im Ausland. Die Anschrift der liberianischen Firma war mit der Anschrift von Kalfs ausländischem Appartement identisch wie auch die Anschrift der Bank, bei der Kalf ein Konto für die liberianische Firma eröffnete. Als Präsident war Kalf eingetragen. Weder sein Geschäftspartner noch eine andere Person besaßen Vollmachten. Korrespondenzbank dieser Auslandsbank war die gleichnamige Bank im Inland, über die Aus- und Einzahlungen getätigt wurden. Kontoinhaber und allein verfügungsberechtigt war wiederum Kalf. Zum Zeitpunkt dieser Ermittlungen war Kalf noch Inhaber eines Auslandskontos, was er in seiner eidesstattlichen Versicherung vorher verneinte.

Ein Vernehmungstermin mit dem Detektiv wird vereinbart.

Während der Vernehmungen fordert der Staatsanwalt Zweitakten aus dem Betrugsverfahren gegen Kalfs Geschäftspartner bei der zuständigen Staatsanwaltschaft an. Eilt sehr und sofort vorlegen steht groß auf dem Fax an den Oberstaatsanwalt.
Außerdem wird eine Gesellschaft beauftragt, durch Sachverständige den Geldfluß der von Kalf eingesammelten Gelder in bar oder über seine Konten zu erfassen und darzustellen. Wesentlich sind dabei die Ein- und Auszahlungen von Geldern über Kalfs Bankverbindungen bei den genannten Adressen. Zwei Inlandsbanken und eine Auslandsbank werden genannt. Der beauftragte Sachverständige ist berechtigt, Bankunterlagen bei der Steuerfahndung und bei der Staatsanwaltschaft seines Geschäftspartners einzusehen. Das Gutachten eilt. Die übergebenen Beweismittel sollen so bald wie möglich an die Staatsanwaltschaft zurückgeleitet werden.
Dann werden Kalfs aktuelle Lebensgefährtin, erneut sein größter Gläubiger, sein Geschäftspartner und der Detektiv vernommen.
Kalfs Lebensgefährtin lernte ihn bei einer seiner Veranstaltungen kennen. Da lebte er noch mit der vorherigen Gefährtin zusammen. Diese Verbindung bestand nur noch formal, da die Frau zu dieser Zeit als Angestellte bei Kalf geführt wurde. Kalf erzählte ihr, dass er bei Nelkes Firma Gelder angelegt und bisher gute Renditen erwirtschaftet hat. Er sagte, dass Aktien gekauft und verkauft werden. Dabei weiß er nicht genau, was Nelke tut, aber Renditen von zwanzig bis dreißig Prozent sind möglich, weniger auch, jedoch jedenfalls mehr als am freien Kapitalmarkt. Verlust ist auch möglich, er hat noch keinen erlitten, sagte Kalf. Insgesamt übergab sie Kalf zuerst zweihundertzehntausend Mark zur Anlage. Die Kaufaufträge für die genannte Firma unterschrieb Kalf. Kaufbestätigungen erhielt sie nicht, was sie nicht störte. Für sie war der Kaufvertrag Vertrag und Bestätigung in einem. Dass Kalf Präsident der Firma war, auf deren Konto ihre Anlagegelder eingezahlt wurden, wusste sie nicht. Zinserträge teilte Kalf mündlich mit. Eine schriftliche Auskunft über den Kontostand der Geldanlage und die Entwicklung der Anteile erhielt sie nicht. Sie erhielt eine Vergütung eines Anlagebetrags von dreißigtausend Mark plus siebentausend Mark Zinsen. Weitere Kapitalrückzahlungen oder

Renditezahlungen erhielt sie nicht. Wenn Kalf ihr von erwirtschafteten Renditen erzählte, war sie damit einverstanden, dass diese nicht ausgezahlt, sondern neu mit neuen Verträgen durch seine Vermittlung angelegt wurden. Kalfs Geschäftspartner lernte sie nie persönlich kennen.
Ein halbes Jahr, nachdem die erwähnte Rendite geflossen war, übergab sie Kalf vierhundertdreißigtausend Mark zur weiteren Anlage, dann zweihundertzwanzigtausend Mark, dann dreihundertzwanzigtausend Mark, dann noch einmal zweihundertzwanzigtausend Mark. Die verschiedenen Beträge sind Gelder, die ihr von Familienmitgliedern zur Anlage übergeben wurden. Die Einzahlungen erfolgten im Zeitraum eines halben Jahres. Nach ihren Berechnungen wurden auf das von Kalf genannte Firmenkonto insgesamt knapp zwei Millionen Mark eingezahlt. Bis jetzt ist das Geld verloren. Sie erwirkte bis heute noch keinen zivilrechtlichen Titel gegen Kalf. Für sie reicht das immer noch, wenn Kalf oder sein Geschäftspartner zu Geld kommt.
Zwei Jahre nach der letzten Anlage bei Kalf stellte sie ihm dreißigtausend Mark in bar als Darlehen zur Verfügung. Nach zwei Monaten gab er dieses Geld zurück. Ein Jahr darauf, es war das Jahr, in dem er verurteilt wurde, bot er von sich aus an, zur Sicherung der Ansprüche für die überlassenen Geldbeträge seine Wohnungseinrichtung als Sicherungsübereignung zu übertragen. Den Text dafür hat sie geschrieben. Die Vorlage des Textes stammt von seinem Rechtsanwalt und Kalf brachte den Text mit. Kalf stellte zusammen, was aufgeschrieben werden sollte. Die Liste der Gegenstände einschließlich der Werte wurde von ihr geschrieben. Das Datum der Sicherungsübereignung bestätigt sie ausdrücklich. Zu diesem Zeitpunkt wusste sie, dass von Kalf aus den Kapitalanlagen kein Geld zu erwarten war.
Vor einigen Monaten hat sie dann die Gegenstände an das Finanzamt, das Forderungen gegen Kalf erhob, freigegeben. Kalf drängte mich, meine Ansprüche aus der Sicherungsübereignung an das Finanzamt zu übertragen. Deshalb hat sie zugestimmt.
Zusammen mit Kalf war sie nach Monaco gefahren. Dort eröffnete sie ein Konto unter eigenem Namen, auf das Kalf einhundertzwanzigtausend Mark einzahlte. Mit seiner Kontovollmacht hob er später das Geld wieder ab, um Schulden

zurückzuzahlen. Deshalb stimmte sie der Abhebung zu. Ursprünglich wollte Kalf das Geld auf diesem Konto zu ihrer Absicherung eingezahlt haben. Da keine weiteren Einzahlungen zu erwarten waren, löste sie dieses Konto später auf.
Auf Nachfrage bestreitet sie, etwas über Immobilien in Spanien, Frankreich und Italien zu wissen, die Kalf oder Nelke gehören. Sie kennt lediglich Kalfs Wohnung in Monaco, die er dort angemietet hatte. Dort ist sie aber nicht gewesen. Dass sie Nelke nie persönlich kennen lernte, sagte sie bereits.
Sein größter Gläubiger wird als Zeuge vernommen. Ihm werden zunächst Unterlagen ausgehändigt, die bei der Hausdurchsuchung vor Kalfs erster Verurteilung vor vier Jahren beschlagnahmt worden waren. Der Anwalt des Zeugen hatte die Rückgabe dieser Unterlagen vor vier Monaten angefordert.
Auf Nachfrage erklärt er dann, dass er durch eigene Bekannte Kalf vor acht Jahren kennen lernte. Er wurde von Kalf erstmals etwa vier Wochen nach dem ersten Treffen auf Geldgeschäfte angesprochen. Kalf sagte, dass Nelke in Kanada oder Amerika über Rose Anlagegeschäfte tätigt. Kalf redete von Penny Stocks, die er über ihn kaufen kann.
Von sich aus unternahm er aber nichts. Er erfuhr nach zwei Monaten und beim zweiten Mal einen Monat später von Geldanlagen, die Kalf für ihn ohne sein Wissen und ohne Auftrag getätigt hatte. Angeblich. Schriftliche Nachweise zeigte Kalf nicht. Vielmehr präsentierte Kalf ihm jeweils viertausend Mark in Tausendmarkscheinen als erwirtschaftete Rendite. Er bestätigt, dass er dieses Geld nahm, wie er es bereits in der vorliegenden eidesstattlichen Versicherung angegeben hat. Nachträglich erhielt er einen gefertigten Kaufauftrag über die nicht von ihm getätigte Anlage, den er ebenso nachträglich unterschrieb. Das sind die einzigen schriftlichen Kaufunterlagen, die er jemals erhalten hat.
Die nachfolgenden Geldübergaben verliefen wie in der eidesstattlichen Versicherung aufgeschrieben. Alle Rückzahlungsforderungen gingen mündlich an Kalf. Kalf sprach jeweils von einigen Schwierigkeiten, erklärte aber, dass das Geld kommen wird.

Zu diesem Zeitpunkt wurde sein Anwalt und Generalbevollmächtigter durch seine Vermittlung ebenfalls Anleger bei Kalf. Auch der Anwalt erhielt, wie er selbst, das erste eingezahlte Kapital plus Rendite pünktlich zurück. Informationen über aktuell mögliche Anlagen erhielt er von Kalf und gab diese an seinen Anwalt weiter und umgekehrt. Später meldete sich auch Nelke. Kalf und Nelke besuchten ihn gemeinsam. Die Anlagen sind nach wie vor todsicher, erklärten Kalf und Nelke. Durch sporadisch überraschende Geldrückflüsse wurden aufkeimende Zweifel überdeckt. Kalf ließ Bargeld dann durch einen Hubschrauberpiloten abliefern.
Er war mit Kalf befreundet und vertraute ihm. Damit erklärt er sich jetzt die Nachlässigkeit hinsichtlich der Geldgeschäfte, die im Lauf der Zeit sein Verhalten ausmachte. Zuerst ließ er sich vertrösten und am Ende bestimmte das Prinzip Hoffnung sein Tun. Er glaubte, durch einen nochmaligen Einsatz von zwei Millionen Mark unter Berücksichtigung der angebotenen Sicherheiten die bisher eingesetzten Gelder für sich und für seinen Anwalt zurückzuerhalten. Von einem Börsenmakler unterrichtet, erfuhr er zu spät, dass die angepriesenen Wertpapiere nahezu wertlos sind und die so genannte Bank eine Briefkastenfirma.
Zum Zeitpunkt der ersten Ermittlungen gegen Kalf vor nunmehr vier Jahren sprach er Kalf auf die Rückzahlung aller eingezahlten Millionen an. Kalf behauptete, dass alle Millionen an Nelke entweder per Überweisung oder in bar an dessen Firma gegangen sind.
Nach der Darstellung des Ablaufs der Geschäfte mit Kalf und Nelke und der aufgezeigten Verbindung zu Rose und Tulpe in der vorliegenden eidesstattlichen Versicherung beantragte er einen Mahnbescheid über die Gesamtsumme von knapp zweiundzwanzig Millionen Mark. Der Bescheid wurde erlassen und mangels Widerspruch von Kalf bestandskräftig. Die im Vollstreckungsbescheid ausgewiesene Summe betrifft das zur Anlage überlassene Kapital ohne Zufügung der entgangenen Renditen und Zinsen. Geld, sagte der Gläubiger weiter, Geld bestimmte von Anfang an die Verbindung zu Kalf. Zunächst redete Kalf über Geld für Anlagegeschäfte, später dann erklärte er, dass er massiv von Gläubigern, die über ihn angelegt

hatten, unter Druck gesetzt wird und er das Geld jetzt dringend braucht, um die drängendsten Gläubiger wenigstens teilweise zu befriedigen. Kalf jammerte und sagte, dass sein Geschäft sonst verloren ist. Deshalb gab er ihm erneut Geld.
Die Nachforschungen des Detektivs nach dem Verbleib der Anlagegelder blieben bis jetzt ohne Ergebnis. Außer Spesen wurde für den Fall der Wiederbeschaffung ein Erfolgshonorar vereinbart. Die Herkunft der Unterlagen des Detektivs entzieht sich seiner Kenntnis.
Nach der ersten Durchsuchung bei ihm im Zusammenhang mit den Aktivitäten von Kalf sah er keine Veranlassung, Kalf anzuzeigen. Da Kalf damals sagte, dass Nelke die Millionen hat, stellte sein Anwalt wegen seiner Forderungen in seinem Namen einen Antrag auf dinglichen Arrest gegen den inhaftierten Nelke und dessen Lebensgefährtin. Er glaubt nicht, dass durch eine individuelle Anzeige das derzeitige Verfahren gegen Kalf beschleunigt wird. Er hofft, dass durch die Ermittlungen der Verbleib der Gelder geklärt wird. Nach den verlorenen Millionen wird er selbst weiter Nachforschungen anstellen.
Nelke wird als Zeuge vernommen. Auf Nachfrage bestätigt der Mann, dass er die damalige Lebensgefährtin von Kalf und seinen größten Gläubiger kennt. Er sagt, dass er von Kalf keine vierhunderttausend Mark für eine Anlage der Frau bekommen hat. Er weiß weder etwas von einem Kreditvertrag, noch von einer Bürgschaft Kalfs dafür. Ob es überhaupt eine Geldanlage dieser Frau gab, weiß er nicht. Wenn es einen schriftlichen Vertrag gibt, kann er etwas dazu sagen. Vom Ende der Beziehung und Kalfs neuer Gefährtin weiß er nichts.
Er bestreitet, dass Kalf ihn im Krankenhaus besuchte und bleibt auch bei erneuter Nachfrage bei dieser Aussage. Er zeigt ein Bein. Diese Narben stammen nicht von Schüssen. Er weiß nicht, woher diese Narben stammen. Auf einen Vorhalt seines Anwalts redet Nelke. Es wurde geschossen, der Mann lief weg. Es gab natürlich schon Versuche von Anlegern, noch Geld zu holen, sagt Nelke. Er wurde telefonisch massiv bedroht. Der Mann, der geschossen hat, hat nur ‚jetzt' gesagt, sonst nichts. Er überlegte, wer und warum, aber er weiß es nicht. Ob Kalf Gelder, die er eingesammelt hat, abredewidrig nicht an

ihn oder seine Firma weitergeleitet hat, weiß er nicht. Er kann sich das nicht vorstellen.
Er war zweimal mit Kalf bei dem Direktor der Auslandsbank, über die von Kalf eingesammelte Gelder an seine Firma weitergeleitet wurden. Über dieses Konto liefen auch Renditen und Kapital zurück. Ob Kalf Gelder auf eigene Konten im Inland oder im Ausland transferiert hat, weiß er nicht. Kalf sagte ihm, wie viel er einsammelte und überwies diesen genannten Betrag auf seine Firma. Er hat keine Anhaltspunkte, dass Kalf Gelder für sich abzweigte. Eine Kontovollmacht für dieses Konto hatte nur Kalf.
Ein konkreter Spesenersatz wurde nicht vereinbart. Kalfs Flugkosten wurden vergütet. Teilweise erfolgte die Vergütung in bar oder Kalf zog die Flugkosten bei der Überweisung von der Anlegersumme ab. Wie Kalf das gemacht hat, weiß er nicht. Das Appartement in Monaco bezahlte nicht Kalf oder dessen Firma, sondern er über seine Firma. Kalf bezahlte nur die erste Miete.
Die genannte Person kennt er nicht. Der Staatsanwalt fragt Nelke, ob Kalf für ein Geschäft Geld bei ihm holte. Nelke bestätigt, dass er Kalf Geld gab. Über die Summe will er keine Angaben machen. Kalf hat ihm das Geld nicht zurückgegeben, obwohl Kalf sagte, dass aus dem Geschäft nichts geworden ist.
Nelke befand sich stationär in einer geschlossenen Anstalt. Dort wurde er als Zeuge im Beisein seines Verteidigers vernommen. Seine Personalien gab er ohne Zögern an. In einem Aktenvermerk lesen wir, dass Nelke von Kalf vor einigen Wochen in der Anstalt besucht wurde. Alle Aussagen des Klinikpersonals bestätigen das entgegen der Aussage von Nelke. Nelkes Verteidiger sprach vor der Vernehmung mit ihm allein darüber. Daraufhin verweigerte Nelke weitere Angaben. Kalf blieb ungefähr eine halbe Stunde.
Der Staatsanwalt vermerkt, dass Nelke ihn erkannte und begrüßte und bereit war, Fragen zu beantworten. Bei der einstündigen Vernehmung war Nelke orientiert, verstand die Fragen, fragte manchmal nach, was genau man wissen will und gab durchaus abwägende Antworten.
Nelke begründete Nichtwissen über Geschäfte damit, dass es zu viele Verträge gewesen sind, um einzelne Vorgänge zu wissen. Präzise gab er an, dass die

angesprochene Geldübergabe von vierhunderttausend Mark in einem Betrag nicht stattfand, vielleicht aber in Teilbeträgen. Nelke erinnerte sich ohne Probleme an Kalfs damalige Lebensgefährtin.

Nelkes einzige Gedächtnislücke betraf den Schuss auf ihn. Zuerst erinnerte er sich überhaupt nicht, dann sagte er mit Blick auf seine Narben, dass diese von Bienenstichen stammen. Auf Nachfrage war es dann doch ein Schuss und der Täter sagte nur ‚jetzt'. Eine Nationalität des Täters konnte er nicht erkennen. Aus der Sicht des Staatsanwalts gab Nelke fragengerechte Antworten. Angaben über einen möglichen exzessiven Alkoholmissbrauch waren nicht zu erhalten. Nach Auskunft des behandelnden Arztes zeigt Nelkes Gehirn deutliche Schädigungen, die organisch auf einen Alkoholmissbrauch über mehrere Jahre hinweg zurückzuführen sind. Eine abschließende psychiatrische Beurteilung liegt noch nicht vor. Für Kalfs Prozess ist Nelke als verwertbarer und glaubwürdiger Zeuge nicht geeignet.

Der Detektiv wird als Zeuge vernommen. Mit seiner Firma ist er spezialisiert auf die Aufklärung von Anlage- und Wirtschaftsbetrug sowie auf Kapitalrückführung im Inland und im Ausland. Eine Zusammenarbeit besteht mit einigen Rechtsanwälten und einem Sachverständigen für Finanzgeschäfte. Bedenken hinsichtlich seiner Zeugenaussage bei den Ermittlungsverfahren gegen Kalf hat er nicht, da es um die mögliche Wiederbeschaffung von Geldern geht, für die ihm ein Auftrag erteilt wurde.

Auf Nachfrage berichtet der Detektiv, dass er im Rahmen seiner Nachforschungen nach einem anderen, mittlerweile inhaftierten Kapitalanlagebetrüger erstmals die Namen von Nelke und Kalf hörte. Dabei wurde der Name von Kalfs größtem Gläubiger genannt. Er nahm Kontakt auf, bot seine Dienste an und erhielt einen Auftrag auf Provisionsbasis für den Fall der Wiederbeschaffung der verschwundenen Millionen. Anfallende Spesen werden gesondert bezahlt.

Er verweist auf Unterlagen, die er vorab der Staatsanwaltschaft und der Steuerfahndung übergeben hat. Darunter sind einige Kaufaufträge von Kalfs Firmen und Unterlagen von Kalfs ausländischer Geschäftsbank. Konkrete Auskünfte verweigerte der genannte Direktor der Bank. Der Mann teilte jedoch mit, dass über ein Konto Kalfs die Kosten seines Appartements abgebucht wurden. Er erfuhr eine zweite Adresse, über die er sich beim dortigen Hausmeister erkundigte. Beide Adressen wurden als Firmenanschrift auf Kaufaufträgen verwendet.

Bei einem Gespräch mit dem Bankdirektor beschuldigte er diesen, dass er zusammen mit Nelke und Kalf Geldbeträge verschoben hat. Der Bankdirektor begann zu schwitzen, verweigerte weiter Angaben über Kontonummern, Kontostände und Kontoinhaber, sagte aber, dass es zwei Firmennamen für eine Firma gibt. Nelke und Kalf hatten gegenseitig keinen Zugriff auf deren jeweilige Konten. Nelke hatte nur ein unbedeutendes Privatkonto. Über das Geschäftskonto hatte nur Kalf Kontovollmacht. Soweit äußerte sich der Bankdirektor ihm gegenüber. Über Geldzuflüsse und Geldabflüsse sagte der Mann nichts.

Nach weiterer Auskunft waren sowohl Nelke als auch Kalf Eigentümer von Grundstücken auf spanischen Inseln, die wieder verkauft wurden.

Während seiner Ermittlungen erhielt er nach einem anonymen Anruf von einer männlichen Person verschiedene Unterlagen gegen Bargeld. Darunter befinden sich Kaufaufträge und Originalgründungsunterlagen von Kalfs Firmen. Den Überbringer vermutet er aus Kalfs engerem Umfeld. Er denkt an Leute um Kalfs damaligen Steuerberater, der mittlerweile verstorben ist. Die Originale befinden sich in seinem Tresor.

Im Verlauf seiner Nachforschungen ergaben sich Anhaltspunkte für einen Geldfluss nach Kanada. Es stellte sich heraus, dass Kalf über einen Mittelsmann ein Grundstück in Kanada kaufte und nach drei Jahren wieder verkaufte. Ein kanadischer Informant sprach über ein Konto von Kalf in London, das von einer genannten Person eröffnet wurde, aber von Kalf gehalten wird. Weiter nannte der Mann ein Konto in Lugano, das von einem Mann gehalten wird, dessen Adresse mit der von Nelke identisch ist. Es gibt Unterlagen über einen Transfer von einer österreichischen Bank nach Liechtenstein im Zusammenhang mit einem genannten Steuerberater und einer bezeichneten Firma. Kalf soll außerdem an Finanztransaktionen an einer kanadischen Import Export Firma über die österreichische Bank beteiligt sein.

Auf Nachfrage sagte der Detektiv, dass der Informant auf Grund eines bestehenden Haftbefehls Kanada nicht verlassen wird.
Rose hält sich nach seinen Informationen ebenfalls in Kanada auf. Adresse und Telefonnummer wird er mitteilen.
Über Nelkes Schussverletzung weiß er insoweit Bescheid, dass Nelke von einem Geschädigten aus dem Rotlichtmilieu unter Druck gesetzt und ihm in der Folge in ein Knie geschossen wurde. Nelke soll wegen eines Gehirntumors nicht mehr verhandlungsfähig sein.
Er übergibt eine maschinenschriftliche Auflistung über Kalfs Aktiva und Passiva, die im Jahr von Kalfs erster Verurteilung erstellt wurde. Außerdem eine Gesprächsnotiz zwischen einem unbekannten Anrufer und dem Anwalt des Gläubigers. Kalf soll über einen zweiten Pass verfügen und unter einem Decknamen einen Barscheck in zweistelliger Millionenhöhe auf eine genannte Bank in Amerika ausgestellt haben. Erkenntnisse darüber liegen einem Landeskriminalamt und dem Bundeskriminalamt vor.
Zurzeit überprüft er mögliche Einkunftsquellen von Kalf. Es gibt Hinweise auf einige Firmen. Außerdem untersucht er eine mögliche Verbindung von Kalf zu einem ihm bekannten Detektiv. Dieser Mann arbeitet für Kalf und ist nach Erkenntnissen des Bundeskriminalamts Eigentümer eines Objekts in einer Stadt, in der sowohl Kalf als auch Nelke Geschäfte betreiben. Laut Grundbuch hat das Objekt einen Wert von fünfzehn Millionen Mark.
Nach konkreten Ergebnissen seiner Recherchen gefragt, ergibt sich für ihn, dass Kalf Gelder für Nelkes Firma einsammelte, die er auf eigene Konten einzahlte. Zwei weitere von Kalf Geschädigte haben ihn beauftragt, in der Sache Kalf Recherchen durchzuführen.
Schließlich erwähnt er abschließend das Zusammentreffen mit den Journalisten bei seinem Auftraggeber, dem größten Gläubiger von Kalf. Danach berichteten alle Zeitungen in ausführlichen Artikeln über Kalfs Betrugsaffäre.
Der Staatsanwalt fragt nach.
Die Clearingstelle des Kriminalamts verneint Erkenntnisse zu den genannten Personen und Erkenntnisse über den angesprochenen Geldtransfer. Das Bundeskriminalamt schickt ein dringendes Telefax über eine Meldung von

Interpol London. Es wird mitgeteilt, dass Kalf zweiundzwanzig Millionen US-Dollar bei einer Auslandsbank abheben will. Die Information stammt von einem Banker in London. Der Mann arbeitet dort in der Geschäftsbank gleichen Namens wie Kalfs ausländische Geschäftsbank. Eine direkte Kontaktaufnahme zum genannten Banker wird angeregt.

Von einem Landesgericht Österreichs erhält der Staatsanwalt auf Anforderung den Beschluss des Landesgerichts, entgegen der Beschwerden der genannten Bank die beim dortigen Untersuchungsrichter versiegelten Unterlagen zu durchsuchen. Die Nachfrage erfolgte nach einer neuen Strafanzeige gegen Kalf und einen österreichischen Banker wegen Verdachts des gemeinschaftlichen Betrugs im genannten Zeitraum. Gegen den Banker wird wegen Steuerhinterziehung und wegen mehrerer Betrugsanzeigen ermittelt. Wegen Unregelmäßigkeiten verließ der Banker die Bank. Bereits während seiner Tätigkeit bei der Bank vermittelte der Banker als geschäftsführender Gesellschafter Immobilien, Finanzierungen und Geldanlagen über eine eigene Firma in Deutschland. Nach dem Ausscheiden aus der Bank gründete der Mann zu diesem Zweck eine weitere Firma in der Schweiz. Für seine Firmen und für sich selbst unterhielt der Mann Konten bei seinem ehemaligen Arbeitgeber. Nach Ersuchen wurde die Teilnahme deutscher Ermittlungsbeamter bei der Durchsuchung des genannten Bankinstituts und der Sicherstellung und Beschlagnahme der betreffenden Unterlagen genehmigt.

Der Anwalt des größten Gläubigers teilt mit, dass Kalf am genannten Datum mit einem Privatjet von München nach Nizza geflogen ist. Kalfs Flug bestätigten die Fluggesellschaft und der Flugsicherheitsdienst des Flughafens. Sein Mandant vereinbarte für den folgenden Tag telefonisch einen Gesprächstermin mit dem Direktor der Auslandsbank. Dabei fragte er, ob Kalf Tags zuvor bei ihm gewesen ist. Etwas zögerlich bestätigte der Direktor, dass Kalf ihn gestern besuchte.

Der Staatsanwalt fragt weiter.

Durch das LKA soll Tulpe über einen Verbindungsmann des BKA in Kanada ermittelt werden. Tulpe fungierte im besagten Jahr als Manager der genannten Bank mit Geschäftsstellen in Anguilla und Antigua. Die sogenannte Privatbank wurde von den Behörden geschlossen. Ein Rechtshilfeersuchen der Staatsanwaltschaft, die gegen Nelke ermittelt, war erfolglos. Es wurden keinerlei Auskünfte gewährt. Mitgeteilt wurde die genannte Adresse von Tulpe in Kanada. Um rasche Kontaktaufnahme und Personenabklärung wird gebeten. Erneut wendet sich der Staatsanwalt an die für Nelke zuständige Staatsanwaltschaft. Er fragt nach weiteren Erkenntnissen über Tulpe und Rose, nach Auswertungen von Unterlagen, die bei der Hausdurchsuchung von Kalf vor fünf Jahren sichergestellt wurden und nach dem Verbleib einer Liste von Kalfs Anlegern, die bei einem seiner Steuerberater aufgefunden wurde. Weiter sollen Daten über Kalfs Geschäfte, die am Computer gesichert wurden, mitgeteilt werden. Konnten alle Daten bei Nelke und Kalf rekonstruiert werden, fragt der Staatsanwalt.

Tulpe, den Nelke dem größten Gläubiger von Kalf mit einem Bestätigungsschreiben als Generaldirektor und Alleinvertretungsberechtigten der Bank mit Sitz in Antigua vorstellte, war bereits seit mindestens zwei Jahren im Visier von Interpol. Im Rahmen eines internationalen Nachrichtenaustausches wurden Erkenntnisse zu einer international agierenden Tätergruppe übermittelt. Tulpe, ein österreichischer Staatsangehöriger, gehörte zu dieser Gruppe. Gegenstand der Ermittlungen waren Kapitalanlagebetrügereien mit gefälschten CDs, Certificates of Deposit einer Bank in Vanuatu. Ein Rechtsanwalt, der für Tulpes Firmen als Treuhänder fungierte, ist verurteilt und sitzt in Haft. Der konkrete Aufenthalt einer weiteren genannten Person wurde in Hongkong ermittelt. Ein bestehender, internationaler Haftbefehl war wegen juristischer Bedenken von den zuständigen Behörden noch nicht weitergeleitet worden. Erst müsste festgestellt werden, ob der deutsch-britische Vertrag noch Gültigkeit hat. Interpolanfragen werden an Ottawa und Wien gerichtet.

Nach einer Mitteilung der deutschen Presseagentur zur fraglichen Zeit betrügen Wirtschaftskriminelle in Deutschland den Staat um jährlich zweihundert Milliarden Mark. Lediglich spektakuläre Einzelfälle wie zum Beispiel die Pleite eines Immobilienlöwen kommen in die Schlagzeilen. Diese Verbrechen werden enorm unterschätzt. Nicht nur in der Öffentlichkeit, auch innerhalb des

Polizeiapparats wird Wirtschaftskriminalität am Rand abgehandelt. Die personelle Stärke des BKA führt ein Wirtschaftskriminologe als Beweis an. Vor drei Jahren waren von über viertausenddreihundert Beamten zehn Beamte zur Bekämpfung der Umweltkriminalität eingesetzt, die ein Unterfall von Wirtschaftsdelikten ist. Zehn sind es auch heute noch. Zitiert wird der Mann in einem Artikel des Regionalblatts. Fünf Wochen später berichtet das Regionalblatt auch über den Betrugsverdacht gegen Kalf.

Der Gesprächspartner, von dem wir anfangs berichteten, erstattete jetzt ebenfalls Strafanzeige gegen Kalf. Es ist der Betriebswirt, Kalfs größter Gläubiger. In einem Artikel war Unverständnis darüber geäußert worden, dass die Betrogenen Kalf nicht angezeigt hatten.

Ergänzend zu seiner Vernehmung vor drei Wochen beschuldigt der Mann den Kalf, ihn nicht nur bei Anlagegeschäften betrogen zu haben, sondern sich auch durch eine falsche eidesstattliche Versicherung über auf Bankkonten liegende Millionen, auf die Kalf eine Option hat, weitere einskommadrei Millionen Mark erschlichen zu haben. Kalf verwendete den in bar übergebenen Betrag abredewidrig. Kalf sagte, das ihm das Wasser bis zum Hals steht und er deshalb das Geld nicht für ein Geschäft verwendete, sondern es an verschiedene Personen ausbezahlte, die aggressiv auf Rückzahlung der ihm überlassenen Anlagegelder drängten.

Weiter bestätigt der Mann, dass er mit dem Bankdirektor von Kalfs ausländischer Geschäftsbank in Monaco einen Gesprächstermin vereinbart hatte. Einen Tag nach der Terminvereinbarung traf sich Kalf mit dem Bankdirektor im Ausland. Hat der Bankdirektor Kalf informiert? Wurden dabei Absprachen für das zwischen dem Gläubiger und dem Banker vereinbarte Treffen getroffen? Und, so fragt sich der Mann, womit bezahlte Kalf seinen privaten Flug bei dessen desolaten wirtschaftlichen Verhältnissen? Wurden diese Fragen bei der Vernehmung Kalfs geklärt, nachdem der Staatsanwalt schon vorab mit Telefax über Kalfs Flug nach Monaco unterrichtet worden war?

Der Staatsanwalt setzt sich telefonisch mit dem Banker in London in Verbindung. Es werden Informationen über Interpol an das BKA angekündigt.

Nach Aktenlage kann gesagt werden, dass der Staatsanwalt seit der eidesstattlichen Versicherung von Kalfs größtem Gläubiger Kenntnis über die Verbindung von Tulpe zu Kalf haben konnte. Seit vier Jahren lag diese Meldung auf dem Tisch. Nicht nur Erkenntnisse über Personen, sondern auch über Namen von Firmen und Banken waren möglich, die Rückschlüsse auf einen Fall von organisierter Kriminalität mit internationalem Ausmaß ermöglichen konnten.
Nichts dergleichen geschah. Wertvolle Hinweise verschwanden unter einem Berg von Aktenseiten. Als zwei Jahre später im Nachrichtenaustausch Erkenntnisse über Tulpe als Kopf der internationalen Betrügerbande formuliert wurden, schlummerten die längst vorliegenden Informationen über Tulpe und dessen Verbindung zu Rose und Nelke und damit zu Kalf weiter in den Akten. Erst als nach weiteren zwei Jahren durch die neuen Anzeigen die Ermittlungen gegen Kalf wieder aufgenommen werden mussten, wurden auch die alten Akten wieder aus der Versenkung geholt. Und erst im zweiten Anlauf wurde dem Informationswert der Aussage des von Kalf betrogenen Anlegers Rechnung getragen. Endlich setzte sich der Staatsanwalt mit dem LKA, dem BKA und Interpol in Verbindung und erhielt Auskunft darüber, was vor zwei Jahren bereits ermittelt werden konnte. Deutlich wird, was der Staatsanwalt selbst schon vor vier Jahren dazu hätte beitragen können. Sichtbar werden erhebliche Informations- und Koordinationsdefizite. Der entstandene Schaden kann jetzt vermutet werden. Betrüger bleiben unbehelligt und Betrogene haben zum zweiten Mal das Nachsehen.
Am Tag nach dem Telefongespräch mit dem Banker in London kommt die unglaubliche Antwort. Das BKA übermittelt durch ein Fax die Nachricht von Interpol. Der Staatsanwalt erfährt, dass der Hinweis des Bankers eine Ente war. Der Kriminalbeamte bittet, die besagte Telefaxmitteilung als gegenstandslos zu betrachten. Der Banker hatte einen Zeitungsbericht über den Fall Kalf gelesen und beim BKA nachgefragt, ob in Deutschland gegen Kalf ein Verfahren geführt wird. Der Hinweis auf eine Abhebung von zweiundzwanzig Millionen US-Dollar bei einer ausländischen Bank beruht auf

einem Übermittlungsfehler. Der Kriminalbeamte entschuldigt sich für diesen Fehler.

Ist das zu glauben!?

Wer spuckt wem in die Suppe? Wer außer Tulpe und Rose, Nelke und Kalf sitzt noch am Tisch?

VIII. Von Vanuatu nach Antigua

Seit der Wiederaufnahme der Ermittlungen gegen Kalf ist ein halbes Jahr vergangen. Die Voraussetzungen für alle Zeugenvernehmungen, die jetzt kurz aufeinander folgend veranlasst werden, waren bereits vor vier Jahren gegeben. Vernehmungen, die auf die Verbindung von Tulpe, Rose und Nelke zu Kalf zielten, wurden unterlassen. Es ist nicht nachvollziehbar, dass der Staatsanwalt nicht sofort handelte. Ökonomische Überlegungen mussten damals und müssen jetzt zurückgewiesen werden. Auch Äußerungen, dass Geldgier anteilig den Betrogenen angelastet wird. Schadenfreude spielt mit.
Es ist nicht Sache eines Staatsanwalts, in moralischen Kategorien zu urteilen, sage ich. Trotzdem ist es geschehen.
Der Staatsanwalt bestimmt Termine zur Einvernahme von Kalfs Steuerberater für die GmbH, Nelkes ehemaliger Sekretärin und Nelkes damaliger Lebensgefährtin.
Die genannte Flugfirma bestätigt Kalfs Flug nach Nizza am angegeben Tag. Kalf war der einzige Fluggast. Die Rechnung wurde auf Kalfs Namen ausgestellt und betrug sechstausend Mark.
Der Staatsanwalt ordnet die polizeiliche Beobachtung des Beschuldigten Kalf an. Auf Grund der bisherigen Erkenntnisse muss abgeklärt werden, ob Kalf Kontakt mit Bankangestellten im Inland und im Ausland sucht. Festgestellt werden soll weiter, ob Kalf mit seinem damaligen Geschäftspartner Verbindung aufnimmt. Der Mann befindet sich in der geschlossenen Anstalt eines Krankenhauses, seitdem er vom weiteren Vollzug der Untersuchungshaft durch Beschluss des zuständigen Amtsgerichts verschont war.
Das zuständige Landeskriminalamt reagiert prompt auf die Anfrage des Staatsanwalts und übersendet einen Tag nach dessen Anfrage zwei Aktenvermerke über einen vor zwei Jahren stattgefundenen Informationsaustausch über eine internationale Betrügergruppe.
Ein Bundesministerium für Inneres eines beteiligten Landes hatte eingeladen.

EDOK versammelt sich im Rapportsaal. Hinter EDOK verbergen sich länderübergreifend Einsatzgruppen zur Bekämpfung der organisierten Kriminalität. Delegationen aus Deutschland/Bayern/Nordrhein-Westfalen, Dänemark, Belgien, Amerika/Florida, Frankreich und Österreich/Oberösterreich treffen sich zum kriminalpolizeilichen Informationsaustausch über die internationale Betrügergruppe, die mit gefälschten oder verfälschten Bankgarantien, Standby Letters of Credit, Certificates of Deposit, Penny Stocks und Krediten weltweit handelt. Nach einer offiziellen Warnung der Zentralbank der Philippinen gegen eine dortige Offshore-Bank wurde der Bank verboten, die Bezeichnung Bank zu führen. Im Zusammenhang mit dieser Offshore-Bank, die seit eineinhalb Jahren ohne offizielle Banklizenz weiter Bankgeschäfte tätigt, werden vier Personen genannt.

Tulpe und Rose sind darunter.

Gegen die Verantwortlichen dieser Bank wurden bereits Ermittlungsverfahren durch die Staatsanwaltschaft in Hongkong durchgeführt, die, wie gesagt, mit der Auflage eingestellt wurden, nicht weiter mit der Bezeichnung Bank zu firmieren. Die Verantwortlichen der Bank änderten daraufhin den Namen der Bank und traten unter neuer Firmierung weiter in Erscheinung.

Teilnehmer der Delegationen berichten über laufende Ermittlungsverfahren gegen drei tatrelevante Firmen, die kriminelle Bankgeschäfte über bestimmte Banken in der Schweiz und in Spanien erledigten. Die vier genannten Personen arbeiteten als Geldvermittler und verkauften über verschiedene Firmen die genannten gefälschten Garantien, Zertifikate und Aktien der federführenden Bank auf den Philippinen, die die wertlosen Papiere scheinbar werthaltig besicherte.

Tulpe fungierte als Vertreter des malaysischen Präsidenten der Bank und gründete Tochterfirmen. Rose arbeitete als Vertreter der Bank und tätigte Ankäufe für Tulpe.

Eine oberösterreichische Bank brachte den Stein ins Rollen. Tulpe war Kontoinhaber bei dieser Bank und veranlasste zwei Überweisungen, die dem Ankauf von Aktien einer Firma mit Sitz in Amerika dienten. Die Geldbeträge für diese Überweisungen stammten aus Kreditlinien, die von der

oberösterreichischen Bank eingeräumt wurden. Als Kreditbesicherung hinterlegte Tulpe zwei Zertifikate der Bank mit Sitz auf den Philippinen. Da bei Fälligkeit der Zertifikate von dieser Bank keine Zahlung kam, ersuchte die oberösterreichische Bank um Überprüfung dieser Papiere gemäß Bankwesengesetz wegen Verdachts der Geldwäsche.
Nach Informationen der Bank beschäftigt sich Tulpe angeblich damit, sich an finanzschwachen amerikanischen Firmen zu beteiligen und diese mit Kapital auszustatten, indem er Aktien dieser Firmen über die Börse an private Investoren zu verkaufen versucht. Diese Aktien bieten er und seine Mitarbeiter öffentlich zum Verkauf an. Tulpe tritt als Bevollmächtigter einer Firma auf, die auch an der Firma beteiligt ist, die die Überweisungen erhielt. Tulpe gründete eine neue Firma mit Sitz auf Antigua und bot Aktien zusätzlich über die neue Firma zum Verkauf an. Als Firmenanschrift diente eine österreichische Adresse einer Firma, die sich auf Warentermingeschäfte spezialisierte. Auf Grund der beschlagnahmten Unterlagen wurden in einem halben Jahr achtundsiebzig Millionen österreichische Schilling eingenommen. Davon wurden lediglich vier Millionen an Anleger zurückgezahlt.
Nach einer Information der amerikanischen Börsenaufsichtsbehörde sind die Aktien von Tulpes Firmen wertlos. Tulpe überwies also Geld, das er durch wertlose Zertifikate ergaunerte, an eigene Firmen, durch die er wertlose Aktien an Anleger verkaufte. Ein Doppelbetrug. Wertlose Aktien, wertlose Zertifikate.
Melanesien bläst zu den Inseln über dem Wind.
Von Vanuatu nach Antigua und Anguilla.
Nach Ermittlungen über Interpol stellte sich die Wertlosigkeit der Zertifikate heraus, die Tulpe hinterlegt hatte. Bemerkenswert ist, dass Tulpes Firma und die Bank mit Sitz auf den Philippinen dieselbe Firmenanschrift aufweisen.
Im weiteren Verlauf der Ermittlungen der österreichischen Einsatzgruppe wurde gegen Tulpe ein Strafverfahren eingeleitet und Hausdurchsuchungsbefehle für die Privaträume und die Firmenräumlichkeiten an sieben Anschriften erwirkt. Von einem deutschen Amtsgericht lag ein Rechtshilfeersuchen vor. Im Zuge der Durchsuchungen wurden zahlreiche Unterlagen sichergestellt, die Auskünfte über Tulpe geben. Deutlich wird der äußerst enge Kontakt Tulpes

zum offiziellen Präsidenten der Offshore-Bank, einem malaysischen Staatsbürger.
Aus verschiedenen Schreiben geht hervor, dass Tulpe dem Präsidenten zumindest gleichgestellt ist. Unter den aufgefundenen Unterlagen finden sich nicht nur zahlreiche Schreiben mit den Originalunterschriften des Präsidenten, sondern auch Originalbriefpapier der Bank und Originalzertifikate. Darüber hinaus fanden die Ermittler Schreiben bei Tulpe, die an den Präsidenten gerichtet waren. Das heißt, dass der Präsident zeitweise bei Tulpe wohnte oder, dass Tulpe selbst Schriftstücke im Namen des Präsidenten verfasste. Die Tatsache, dass der Name Tulpe im Kreis seiner Mitarbeiter weitgehend unbekannt blieb, unterstreicht die Richtigkeit dieser Annahme.
Auch gegen Rose ermittelte die österreichische Einsatzgruppe. Bei einem Strafverfahren wurde Rose durch einen österreichischen Rechtsanwalt vertreten, der die Zertifikate der Offshore-Bank vermittelte. Gegen diesen Rechtsanwalt wurde ebenfalls Anzeige erstattet. Eine Schadenssumme von einhundertsechzig Millionen österreichischen Schillingen wird vermutet.
Ein zweiter beschuldigter österreichischer Rechtsanwalt ist flüchtig. Der Mann wird mit Steckbrief gesucht. Der Rechtsanwalt wurde in Südafrika aufgestöbert. Ein Auslieferungsverfahren ist eingeleitet.
Befinden sich die gesammelten Millionen in Südafrika?
Als Kalfs Zusammenarbeit mit Nelke begann, arbeitete Nelke mit Rose. Und Rose für Tulpe.
Kalf war in Südafrika, sage ich zu meiner Freundin.
Ist das eine erste Spur, die zu Kalfs gesammelten Millionen führt? Liegt die Beute sicher in einem Tresor? Oder faulen die Millionen, in einem Loch vergraben, vor unserer Nase vor sich hin, bevor Kalf sich ihrer bedienen kann? Wie einige der Millionen aus dem Lösegeld eines verurteilten Entführers? Immerhin bekam Kalf millionenfach bares Geld in die Hand, so dass ein natürliches Versteck nicht von der Hand zu weisen ist. Der Zugriff ist da wie dort mit der Gefahr der Entdeckung durch Überwachung gefährdet. Möglicherweise sind deshalb einige von dreihundert Pariser Banktresoren seit mehreren Jahren ungeöffnet. Trotz wiederholter Aufrufe meldeten sich die

Besitzer nicht. Wegen Bauarbeiten ließ eine Großbank die Stahlfächer im Keller des Hauptsitzes räumen. Viele der Schließfachbesitzer sind seit Jahrzehnten nicht mehr aufgetaucht, erklärte eine Sprecherin der Bank nach einer Meldung der deutschen Presseagentur.

Derartige Nachrichten aktivieren die Wirtschaftsdetektive. Kalfs größter Gläubiger ist ein begehrter Fall.

Der Detektiv, der von dem Mann engagiert wurde, arbeitet mit mehreren V-Leuten. Nach Mitteilung eines V-Manns in Florida ist der besagte Scheck noch nicht eingelöst. Es besteht ein Kontakt von Kalf zu einem Angestellten der genannten Bank. Nach Auskunft des V-Manns kaufte Kalf ein Boot. An der Abwicklung waren ein Broker und eine genannte Bank beteiligt. Der Verkäufer soll ein Kanadier gewesen sein. Der V-Mann nannte dem Rechtsanwalt des Gläubigers mehrere Kontoverbindungen in östlichen Ländern. Eines der genannten Konten wurde merkwürdigerweise zwei Tage später geschlossen.

Wir lesen diese Schriftstücke. Schwierig, die Spreu vom Weizen zu trennen. Ist, was aufgeschrieben wurde, glaubhaft? Die Meldung, dass Kalf zweiundzwanzig Millionen US-Dollar nach England transferieren wollte, kann mit dem genannten Scheck zusammenhängen. Die Käufe, die Kalf mit einem Kanadier tätigt, weisen die Richtung zu Nelke und Rose und einem ehemaligen Banker. Von den genannten Personen existieren nicht nur kanadische Adressen und Telefonnummern, sondern auch dortige Bankverbindungen mit Kontonummern. Sind die Meldungen fingiert oder faktisch, das ist die Frage. Detektivische Machenschaften dienen den Auftraggebern genau so wie anwaltliche Methoden den Mandanten. Was gesagt oder geschrieben wird, muss nicht wahr sein.

Wir sagen, entscheidend ist, was raus kommt. Es geht um das Geld der Geschädigten. Das ist in diesem Fall maßgeblich. Entscheidend ist, dass der Betrüger die Rechnung bezahlt.

Der Steuerberater für Kalfs GmbH wird vernommen. Die Zeugenvernehmung gilt auch der Anzeige unserer Anlegerin vom Anfang der Geschichte wegen des Verdachts der Vereitelung der Zwangsvollstreckung, die auf Grund der Beschwerde wieder aufgenommen wurde. Weiter ermittelt wird wegen einer möglichen Konkursverschleppung. Hinsichtlich der beruflichen Tätigkeit als

Steuerberater erteilt Kalf als Geschäftsführer eine Befreiung zur Auskunft über die Kalf GmbH.

Nelke vermittelte den Steuerberater zu Kalf. Das Mandat bestand fünfeinhalb Jahre. In den ersten drei Jahren gab es aus der Sicht des Steuerberaters keine wirtschaftlichen Probleme bei der GmbH. In den letzten beiden Jahren kam es durch Kalf zu sehr hohen Entnahmen zu dessen Gunsten. Den Verwendungszweck der Entnahmen kennt der Steuerberater nicht. Nach Aussage von Kalf sollten die Gelder kurzfristig wieder zurückgeführt werden. Die dem Finanzamt vorliegende Bilanz für das vorletzte Jahr seiner Tätigkeit für Kalf wies einen Verlust aus, der aber nicht die Existenz der GmbH gefährdete. Nachdem es im letzten Jahr seiner Tätigkeit für Kalf zu einer weiteren Entnahme von einer halben Million Mark kam und kein Rückfluss hinsichtlich der ersten Entnahme feststellbar war, konnte der Steuerberater die Bilanz im fünften Jahr nicht ordnungsgemäß abschließen. Nach mehreren Gesprächen kündigte der Mann das Mandat.

Auf Nachfrage erklärt der Steuerberater weiter, dass er im dritten Jahr über Kalfs Verbindlichkeiten verschiedenster Art erfuhr. Deshalb erklärte er sich bereit, Kalfs Anteile am Stammkapital der GmbH zu übernehmen. Vereinbarungsgemäß sollte er diese Anteile treuhänderisch übernehmen. Deshalb der Kaufpreis von einer Mark. Geplant und durchgeführt wurde in der Folge die Übernahme dieser Anteile durch einen früheren Finanzbeamten, der nach seiner Pensionierung für Kalf arbeitete. Der ehemalige Finanzbeamte fungierte seinerseits als Vertreter für Kalfs Lebensgefährtin.

Über Kalfs Anlagegeschäfte erfuhr der Mann im Zug der ersten Ermittlungen. Der Steuerberater war auch Nelkes Steuerberater. Kann der Mann so unwissend gewesen sein, wie er sich darstellte? Spätestens zum Zeitpunkt der ersten Ermittlungen mussten die Entnahmen im Zusammenhang mit den Verbindlichkeiten aus den Anlagegeschäften gesehen werden. Es liegt nahe, dass Kalf wie Nelke und Tulpe eigene Firmen als Pipeline für Anlagegelder benutzte. Der Steuerberater ließ sich instrumentalisieren und bekam sein Honorar. Durch die Übertragung an die Lebensgefährtin vereitelte Kalf die Möglichkeit einer Vollstreckung in Vermögenswerte, die Kalf zuerst an seine

GmbH übertrug und dann weiter übertragen ließ. Wir denken an das Konto, das die Lebensgefährtin in Monaco eröffnete. Möglicherweise bezahlte Kalf Schulden an das Finanzamt mit Geldern aus der GmbH, die auf diesem Konto geparkt wurden. Damit bezahlten letztendlich Kalfs betrogene Anleger auch noch dessen Steuerschulden.

Nelkes ehemalige Sekretärin wird vernommen. Sie bestätigt zuerst ihre Zeugenaussage kurz vor der Festnahme von Nelke vor fünf Jahren, in der sie ihre Tätigkeit für Nelke schilderte.

Als sie in die Firma eintrat, war Rose einer der Geschäftsführer und Nelke einer der Kundenberater. Nach fünf Jahren übernahm Nelke die Firma und Rose pendelte als Aktienberater zwischen Kanada und Deutschland. Nach siebenjähriger Tätigkeit kündigte sie zwei Monate vor Nelkes Festnahme, nachdem ihr Zahlungsschwierigkeiten der Firma gegenüber Kunden aufgefallen waren. Außerdem erfuhr sie zufällig aus einem Schreiben von einem Konkursantrag.

Geschäftszweck der Firma FMS waren ausschließlich Aktiengeschäfte. Zu ihrer Tätigkeit gehörte neben der allgemeinen Sekretariatsarbeit das Ausfüllen der Kundenverträge. Sie wurde Einzelverfügungsberechtigte für die Geschäftskonten der Firma bei zwei Banken und für ein Privatkonto von Nelke, auf dessen Anweisung sie verfügte. Sie erhielt Handelsvollmacht für Brokerkonten in Toronto und in New York. Die Kunden erhielten ein Angebot oder einen Kaufauftrag, manchmal in Verbindung mit einer Vereinbarung. Auf Nachfrage sagte sie, dass ihr die Gewährung von hohen Zinsen auffiel, die in diesen Vereinbarungen aufgeschrieben wurden. Nelke nannte das Geschäftspolitik. Es hängt vom Einkauf und vom Verkauf der Aktien ab, sagte er. Es fiel ihr nicht auf, dass in der Vereinbarung ein Risiko total ausgeschlossen wurde. Ein Exemplar der Verträge war für den Kunden bestimmt und eines für die Firma. Die Unterlagen wurden in Aktenordnern abgelegt, die für jede Aktie geführt wurden. In dem Aktenordner, der ihr vorgelegt wurde, befanden sich nur noch Unterlagen für die aktuellen Kunden. Als Gegenordner zu den Kundenordnern gab es Stehordner mit der Firmenaufschrift der jeweiligen Broker. Sie nannte zwei Brokerfirmen, mit denen zuletzt gehandelt wurde. Zu Roses Zeiten gab es weitere Broker. Sie nannte neun Namen von Brokern, an die sie sich erinnerte. Und sie nannte siebzehn Aktien, die an Kunden verkauft wurden. Eine Aktie, PLC Systems, war zuletzt nicht mehr auf dem Monitor von Reuter zu finden.

Am Anfang des Jahres kam es zu Problemen, weil sich Auszahlungen an Kunden verzögerten. Nelke begründete die Probleme mit Schwierigkeiten mit Brokern oder den Aktien. Die Beschwerdeanrufe von Kunden häuften sich. Eine schriftliche Mitteilung erhielten die Kunden auf Anweisung von Nelke nicht. Sie konnte weder etwas über die Anzahl der Kunden sagen, noch über die Geldmenge, die über die Jahre eingegangen ist.

Die Kunden zahlten Geld entweder durch Überweisung auf das Geschäftskonto oder per Verrechnungsscheck oder bar gegen Quittung. Die Schecks wurden auf dem Konto gutgeschrieben und manchmal übergab ihr Nelke Bargeld zur Einzahlung auf dieses Konto. Was mit dem Geld geschah, wusste sie nicht. Insgesamt erfolgten sowohl Einzahlungen als auch Auszahlungen wie oben beschrieben, durch Überweisung oder Scheck oder in Bargeld. Wo die alten Ordner sind, wusste sie nicht.

Auf Gespräche mit Kunden achtete sie nicht. Von italienischen Kunden wusste sie nichts. Über eine Midland-Sache wusste sie nichts. Von den genannten Namen kannte sie nur den, der den Spitznamen Cookie trug. Der Mann war ein kanadischer Anwalt, Treuhänder für die Firma und Freund von Rose.

Kalf besuchte Nelke in der Firma und privat. Sie wusste nicht, dass Kalf Kunden vermittelte.

Aktuell erklärt sie vor dem Staatsanwalt, dass die genannte Frau Nelkes Lebensgefährtin war, die in Nelkes Abwesenheit Termine und Kundengespräche für ihn erledigte. Was die Frau im Einzelnen machte, weiß sie nicht.

Als Sekretärin nahm sie Bargeld von Kunden nur dann entgegen, wenn bereits ein Vertrag über eine Geldanlage ausgefertigt war und sie die Weisung von Nelke hatte, das Geld anzunehmen. Manchmal musste sie das Geld dann auf ein Bankkonto einzahlen, manchmal aber auch nicht. Ob Nelke dann das Geld selbst einzahlte, weiß sie nicht. Der Geschäftsumfang der Firma ist ihr trotz ihrer siebenjährigen Tätigkeit nicht bewusst geworden. Wenn ihr jetzt vorgehalten wird, dass Kunden an Nelkes Firma ungefähr einhundert Millionen Mark einbezahlt haben sollen, so weiß sie davon nichts. Sie sah die Kontoauszüge der Firma bei der genannten Bank. An Millionenbeträge kann sie sich nicht erinnern. Sie weiß von Guthaben über eine oder zwei Millionen. Zweistellige Millionenbeträge hat sie auf diesem Konto nicht gesehen.

Auf Nachfrage bestätigt sie, Kalf persönlich im Büro der Firma bei kurzen Besuchen kennen gelernt zu haben. Kalf verließ das Büro zusammen mit Nelke. Über den Umfang der Geldgeschäfte von Kalf kann sie nichts sagen. Sie selbst hat mit Kalf persönlich nichts abgewickelt. Sie hat weder Bargeld von Kalf erhalten, noch hat sie Geld an ihn für die Firma ausgehändigt.

Von den drei Namen von Kalfs Firmen kennt sie nur einen Namen. Für sie war das eine ausländische Firma von Kalf. Diese Firma von Kalf war für sie ein Kunde von Nelkes Firma.

Während der Vernehmung der ehemaligen Sekretärin von Nelke wird ein Telefonanruf des Beschuldigten Kalf vermerkt. Kalf teilt auf Befragen mit, dass die damalige Sekretärin von Nelkes Firma bei Geldübergaben von ihm an Nelke und umgekehrt dabei gewesen sein muss. Kalf beschreibt die Frau als männlich hager, mit sehr schlechten Zähnen, ungefähr fünfzig Jahre alt. Kalf sagt, dass er hohe Bargeldbeträge an Nelke im Beisein von dessen Lebensgefährtin sowohl in den Räumen der Firma als auch an der Privatadresse übergeben hat, wenn eine Auszahlung von Anlagegeldern nicht sinnvoll gewesen ist, da er sowieso auf dem Weg zu Nelke war.

Auf Nachfrage bleibt die Sekretärin bei ihrer Aussage. Sie weiß konkret nichts von Bargeld, das Kalf in der Firma an Nelke übergeben hat.

Flüge und Hotels bestellte Nelke selbst.

Die Zahlungsschwierigkeiten begannen, wie sie bereits ausgesagt hat, in dem Jahr, als sie dann in der Folge kündigte. Im darauf folgenden Jahr wurde sie von Kalf mit einem angeblichen Rechtsanwalt an ihrer neuen Arbeitsstelle aufgesucht, was ihr nicht passte. Kalf und der Mann wollten von ihr etwas über den Verbleib von Nelkes Geldern wissen. Da sie dazu keine Angaben machen

konnte, gingen die Männer wieder. Seitdem hat sie weder von Nelke, noch von dessen Lebensgefährtin noch von Kalf etwas gehört.
Nach Nelkes Haftentlassung und auch nach seiner Entlassung aus dem Krankenhaus nach der Schussverletzung erkundigte sich Nelke telefonisch, wie es ihr geht. Er wollte mit ihr reden. Sollte Nelke, die Lebensgefährtin oder Kalf wieder Kontakt mit ihr suchen, wird sie dies beim Polizeipräsidium melden.
Der Staatsanwalt veranlasst durch die Kriminalpolizei eine Erkenntnisanfrage an das BKA über eine missbräuchliche Benutzung eines Ausweispapiers mit dem genannten Namen. Der Ausweis soll in der Tschechischen Republik oder in der Slowakei ausgestellt worden sein. Die zweite Nachfrage gilt Rose. Er soll zwischenzeitlich verstorben sein.
Nelkes Lebensgefährtin wird vernommen. Im Verfahren gegen Nelke wurde auch gegen sie als Beschuldigte ermittelt. Es wurde ein Haftbefehl gegen sie erstellt, der außer Vollzug gesetzt und schließlich aufgehoben wurde. Das Ermittlungsverfahren ist nach ihrer Kenntnis seit fünf Jahren bis heute noch nicht abgeschlossen. Ihre damals gemachte Aussage erklärt sie für zutreffend. Ihre Adresse ist nicht in die Akte aufgenommen, da sie nicht daran interessiert ist, von Gläubigern oder Detektiven belästigt zu werden. Über ihren Rechtsanwalt ist sie für eventuelle Nachfragen jederzeit erreichbar.
Sie sagt, dass sie mit Nelke verlobt war und nennt einem bestimmten Tag als Verlobungsdatum. Mit dem Hinweis auf ihre Beschuldigteneigenschaft durch den anwesenden Staatsanwalt wurde damals vor fünf Jahren im Beisein ihres Rechtsanwalts ein Gespräch vereinbart, über das ein Vermerk angefertigt wurde.
Sie lernte Nelke zwei Jahre vor dessen Eintritt in Roses Firma kennen. Er zog zu ihr. Ein Jahr nach Nelkes Eintritt in Roses Firma kündigte sie ihre Stelle bei einer Versicherung. Ab diesem Zeitpunkt wurde sie als Angestellte mit einem Monatsgehalt bei Roses Firma geführt, obwohl sie nicht für die Firma tätig war. Ihr Gehalt wurde mit Nelkes Provision verrechnet. Auf diese Weise bezahlte Nelke ihre Hausfrauentätigkeit.
Rose lernte sie nur privat kennen. Über die Geschäfte der Firma wusste sie nichts. Einmal arbeitete sie für vierzehn Tage in der Firma. Das war drei

Monate vor Nelkes Verhaftung. In diesen zwei Wochen zahlte sie zusammen mit der Sekretärin Kundengelder an Kunden in bar aus. Ausbezahlt wurde gegen Vorlage und Einbehalt der Verträge ohne zusätzliche Quittung. Sie wusste nicht, ob die Sekretärin auf den zurückgegebenen Verträgen etwas vermerkte. Ungefähr zwei Millionen Mark wurden ausgezahlt. Kundennamen kannte sie nicht. Sie wusste auch nicht, wie viele Kunden die Firma hatte, wo das Geld angelegt wurde oder wie viel Umsatz insgesamt gemacht wurde.
Auf Nachfrage kannte sie Kalf, wusste aber nicht, ob er Kunde von Nelkes Firma war. Sie bestätigte zwei im Showbusiness bekannte Namen. Die beiden Personen lernte sie bei einer Veranstaltung bei Kalf kennen. Ob beide Kunden waren, wusste sie nicht.
Ein Jahr vor seiner Verhaftung mietete sich Nelke zusätzlich ein Appartement, in dem sie einmal gewesen ist, als es noch leer war. Nelke wollte allein sein, sie verstanden sich nicht mehr gut. Ihr Verlobter hatte ein Verhältnis mit einer alten Schulfreundin begonnen. Dass Nelke dieses Appartement geschäftlich nutzte, wusste sie nicht.
Sie wusste auch nicht, dass Nelke die Firmenräume gekündigt hatte. Sie kannte keine weiteren Firmenräume. In Monaco hatte nur Kalf eine Wohnung. Das erzählte er ihr selbst. Über weitere Häuser von Nelke im Ausland wusste sie nichts. Von den asservierten Schlüsseln, die ihr vorgehalten wurden, erkannte sie ihre Hausschlüssel und die Büroschlüssel. Zu Schlüsseln einer Schließanlage, zu zwei Tresorschlüsseln und zu einem Schlüsselbund mit einem Anhänger mit der Aufschrift ‚Lager', konnte sie nichts sagen.
Der Urlaub einen Monat vor Nelkes Festnahme in der Nähe von Kalfs Wohnort war normal geplant und keineswegs eine Flucht. Sie wollten versuchen, ihre Verbindung zu retten. Sie hatten Koffer bei sich, aber keinen Karton. Bei einem Telefongespräch mit einer Bekannten erfuhr sie dann, dass die Kriminalpolizei das Wohnhaus durchsuchen wollte und deshalb nach einem Schlüssel fragte. Jetzt merkte sie, dass es Schwierigkeiten gab und trennte sich von Nelke. Sie haben dann in verschiedenen Hotels gewohnt, deren Adressen sie nicht benennen wollte. Sie sind geflogen und mit dem Zug gefahren.

Seit ihrer Trennung hatte sie keinen Kontakt mehr mit Nelke. Er interessierte sie nicht mehr.

Die Kriminalpolizei vermerkte acht Tage später, dass sich Nelkes Lebensgefährtin nach Auskunft bei der genannten Firma einen Schlüssel zu der Wohnung in München aushändigen ließ. Nach Auskunft der Firma bot sie dreitausend Mark Vorauszahlung, was sie auf Befragen bestreitet. Sie holte nur den Schlüssel. Sie telefonierte fast täglich mit Kalf. Er beauftragte sie, den Schlüssel abzuholen, um ihn am Bahnhof in München Nelke zu übergeben. Diesen Schlüssel führte Nelke bei seiner Verhaftung mit sich. Entgegen ihrer Aussage, dass sie Nelke nach der Trennung nicht mehr gesehen hat, wurde er in ihrem Beisein festgenommen.

Der Staatsanwalt fragt sie jetzt, ob sie, während sie mit Nelke zusammen gewesen ist, Kalf persönlich kennen lernte und wusste, dass Kalf bei Nelke Gelder anlegte.

Sie erinnert sich an ein gemeinsam verbrachtes Sylvesterfest, bei dem sie Kalfs damalige Lebensgefährtin kennen lernte. Sie und die Frau freundeten sich an, besuchten sich und flogen zusammen in Urlaub. Kalf flog oft privat zu Nelke. Nelke holte Kalf ab und beide gingen in die Firma. Erst dann haben wir uns alle privat getroffen. Von den Geschäften zwischen Nelke und Kalf weiß sie nichts. Auch nach genauer Überlegung weiß sie nichts von Geldbeträgen, die Kalf mitgebracht haben soll und angeblich Nelke übergab. Privat gab es kein Gespräch über das Geschäft.

Auch wenn ihr Kalfs Aussage vorgehalten wird, dass er erhebliche Bargeldbeträge mit Nelke abgewickelt hat, bleibt sie bei ihrer eigenen Aussage, dass sie von derartigen Geldübergaben nichts weiß.

Kalf bat sie, sein Appartement in Monte Carlo einzurichten. Das war ein Jahr vor Nelkes Verhaftung. Kalf gefiel ihr Geschmack. Wenn sie in Monte Carlo war, benutzte sie das Appartement allein. Mit Nelke war sie niemals dort. Den Schlüssel erhielt sie von einer Französin, die sie am Flughafen in Nizza abholte. Kalf traf sie nie in Monte Carlo, auch nicht den Direktor der Bank. Der Bankdirektor kam nach München. Sie erinnert sich an ein Treffen, bei dem sich Nelke und Kalf und der Bankdirektor getroffen haben. Bei diesem Treffen in einem Hotel war sie dabei. Über Geschäftliches wurde auch dabei nicht gesprochen.

Im Monat vor Nelkes Verhaftung trennte sie sich von ihm. Sie wiederholt, dass sie einige Tage vor dessen Verhaftung von Kalf angerufen wurde. Kalf bat sie, nach München zu kommen und bei der Firma diesen Schlüssel für die Wohnung abzuholen, die er für Nelke besorgt hatte. Obwohl sie sich schon von Nelke getrennt hatte, erledigte sie das.

Seither hat sie weder zu Nelke, noch zu Kalf oder irgendwelchen anderen Leuten, die mit der Geschichte zu tun hatten, Kontakt. Es interessiert sie nicht mehr.

Kalf rief sie noch einmal an, als Nelke bereits in Haft saß. Höflichkeiten wurden ausgetauscht. Über den Verbleib der Gelder von Kalf oder von Nelkes Firma hat sie keinerlei Ahnung.

Aus den entsiegelten Unterlagen der Bank, die Gelder zur Anlage an Kalfs Auslandskonto überwies, lesen wir ein Telex. Zum genannten Datum war lediglich Nelke aus dem Verkehr gezogen. Er saß in Untersuchungshaft. Gegen Kalf gab es noch keine Ermittlungen und ein Erkenntnisaustausch durch EDOK hatte noch nicht stattgefunden. Eine Bank in der Schweiz beauftragte mit dem Telex die genannte Bank in Österreich, von ihrem Konto knapp sieben Millionen US-Dollar an eine Treuhand GmbH rückzuvergüten, da die Sorgfaltspflicht nicht eingehalten wurde. Deckung ist gegeben durch eine andere genannte Bank in Österreich über eine genannte Bank in New York. Die Treuhand GmbH beauftragte gleichzeitig die österreichische Bank, knapp vier Millionen US-Dollar an eine amerikanische Bank in Boston zu Gunsten einer genannten Frau zu übertragen. Die Primanoten zu diesen Transfers sind verschwunden. Das Konto wurde gelöscht und die Kontomappe mit den schriftlichen Aufträgen fehlt.

Ist ein Banker der fünfte Mann am Tisch?

Der Detektiv übermittelt eine Adresse von Rose in Kanada und eine Adresse des ehemaligen Bankdirektors der Bank in Österreich.

IX. Rückschlüsse auch ohne fehlende Unterlagen

Kalfs engster Mitarbeiter, selbst auch Anleger bei Kalf, soll durch die zuständigen Kriminalpolizisten befragt werden. In einem vorausgegangenen Telefongespräch mit dem Staatsanwalt hatte der Mann mitgeteilt, dass er im Jahr vor Nelkes Verhaftung seine Zusammenarbeit mit Kalf beendet hatte. Weiter kann und will er nichts zur Sache sagen. Er will für ein Gespräch nicht nach Deutschland kommen. Deshalb soll der Mann, der mittlerweile in Österreich lebt, formlos, also ohne schriftliche Ladung in seinem privaten Umfeld oder im Grenzbereich vernommen werden. Der Staatsanwalt vermerkt, dass Kosten für den Zeugen bei dieser Vernehmung nicht ersetzt werden können.

Erste Ergebnisse des Gutachtens über Kalfs Konten werden im nächsten Monat vorliegen.

Zwei weitere Anleger von Kalf werden als Zeugen vernommen.

Der erste Zeuge arbeitete bei einer Rundfunkanstalt als freier Mitarbeiter für die Sendung ‚Ratgeber Geld'. Deshalb war ihm das Thema Geldanlagen nicht fremd. Für Kalf war der Mann in Marketing und Werbung tätig. Im Verlauf ihrer Zusammenarbeit übernahm Kalf zuerst ein Darlehen von dreihunderttausend Mark. Über diesen Betrag tätigte er dann eine Anlage bei Kalf, die eine Rendite von ungefähr dreißig Prozent abwarf. Beim ersten Mal funktionierte für ihn Kalfs System mit dem Handel um Anteilscheine kleiner aufstrebender Unternehmen, die vorbörslich oder außerbörslich gehandelt werden. Das ist alles, was er über das Geschäft weiß. Mehr Fakten brachte Kalf nicht. Um was es sich genau handelte, sagte Kalf nicht. Die Kaufangebote erhielt er von Kalf. Kalf adressierte die Schreiben an ihn.

Bei der nächsten Anlage machte er keinen Gewinn. Beim zweiten Mal funktionierte die Sache nicht mehr. Da Kalf ihm aber zugesichert hatte, dass er seinen eingesetzten Betrag in jedem Fall zurückbekommt, machte er keinen Verlust. Kalf zahlte ihm damals die halbe Million, die er eingesetzt hatte, in Teilbeträgen zurück. Die Rückzahlung geschah vor und nach der damaligen

Hausdurchsuchung. Kalf erklärte ihm, dass der Geschäftspartner Nelke mit den Geldern verschwunden ist.
Kalf redete über Nelkes Geschäfte. Für Kalf hatte Nelke Zugang zu Informationen über Firmen, die zum Beispiel in Kanada künftig an die Börse gehen. Seiner Meinung nach war jedem klar, dass bei einer Anlage mit einer entsprechend hohen Verzinsung ein Risiko vorhanden ist. Dass Kalf selbst entsprechende Anlagen vermittelte, kann er sich nicht vorstellen. Seit Nelkes Verhaftung war ständig die Rede davon, wo Nelke das Geld versteckt hat. Er glaubt nicht, dass Kalf weiß, wo sich die Gelder befinden.
Die Namen Tulpe und Rose sagen ihm nichts. Nelke lernte er persönlich nie kennen. Er kennt Kalfs ehemalige Lebensgefährtin. Über Geldgeschäfte mit diesen Personen weiß er nichts. Über sonstige Anleger sagte Kalf nichts.
Kalf erzählte ihm von seiner eigenen Anlage bei Nelke. Das sind mehr als eine halbe Million Mark, sagte Kalf. Er beredete mit Kalf, dass bei diesen riskanten Kapitalanlagen nicht der Einstieg sondern der rechtzeitige Ausstieg das Problem ist. Kalf sagte darauf zu ihm, dass er nichts von Geld versteht.
Der zweite Zeuge wohnt in Kalfs Wohnort. Er wurde vor vier Jahren im Verlauf der ersten Ermittlungen gegen Kalf erstmals vernommen. Der Mann lernte Nelke kennen. Nelke verkehrte eine Zeitlang in den Wirtshäusern im Umkreis. Es wurde über alles Mögliche geredet, auch über verschiedene Personen. Es wurde aber nicht bekannt, in welcher Angelegenheit Nelke in der Gegend war. Dass der Mann ein Vertreter ist, wurde vermutet.
Den Zeugen besuchte Nelke persönlich. Er tätigte eine Anlage bei Nelke, nachdem ihm dieser Kontaktadressen zur Überprüfung der Vertrauenswürdigkeit genannt hatte. Genaues kann er dazu nicht mehr sagen. Aufzeichnungen darüber hat er nicht mehr. Damals übergab er alle Unterlagen Nelke, um den Scheck als Rückzahlung zu erhalten. Der Scheck stellte sich nachträglich als nicht gedeckt heraus. Um seinen verlorenes Geld wieder zu bekommen, unternahm er nichts mehr. Er sah dazu keinerlei Möglichkeiten.
Er kann sich nicht erinnern, dass ihm bei dieser Anlage gesagt wurde, dass auch die Möglichkeit eines Totalverlusts besteht. Er hatte den Eindruck, dass die Anlagen auch von anderen Personen getätigt wurden und erfolgreich

verliefen. Nelke redete von jungen Aktien von Firmen, die neu an den Markt gehen werden. Er kann sich nicht mehr daran erinnern, wie das Ganze genau gelaufen ist.

Die Namen Tulpe und Rose hat er nie gehört. Kalf kennt er, seit dieser in den Ort gezogen ist. Er bezeichnet ihn als leichtgläubige Person, der die Leute am liebsten mag, die ihm nach dem Mund reden. Das sind diejenigen, die am besten ‚Rad fahren', aber am wenigsten arbeiten.

Kalf wurde von Nelke damals nicht erwähnt. Mit Kalf hat er über seine Kapitalanlage bei Nelke niemals gesprochen. Er erfuhr im Nachhinein, dass auch Kalf groß beteiligt war.

Ihm war diese Sache zum Schluss ziemlich peinlich.

Von den ermittelnden Kriminalbeamten erhält der Staatsanwalt einige Mitteilungen. In den jeweiligen Dateien von Interpol Bratislava und Interpol Prag sind die nachgefragten Personen unbekannt. Die Vernehmung von Kalfs engstem Mitarbeiter konnte noch nicht durchgeführt werden. Über Tulpe wurde in Erfahrung gebracht, dass er seit zwei Jahren wegen Verdacht des Betrugs, der Untreue und der Gründung einer kriminellen Organisation Beschuldigter in einem Strafverfahren vor einem österreichischen Landesgericht ist. Tulpe ist verdächtig, zahlreiche Personen durch den Verkauf von nicht werthaltigen Aktien der genannten Firmen geschädigt zu haben. Weiter ist er verdächtig, eine österreichische Bank durch wertlose Bankinstrumente zur Zahlung von Darlehen von zehn Millionen österreichischen Schillingen verleitet zu haben.

In einem zweiten Strafverfahren vor einem anderen Landesgericht ist er Beschuldigter wegen Verdacht des schweren Betrugs. Tulpe soll als Gesellschafter einer genannten Vermögensberatungsgesellschaft gemeinsam mit einem deutschen genannten Staatsbürger zahlreiche Personen zur Veranlagung in Warenterminoptionen verleitet haben, wodurch diese geschädigt wurden.

Beide Verfahren sind noch nicht abgeschlossen.

Rose wurde vor dreizehn Jahren im Zusammenhang mit einer Mitteilung von Interpol Ottawa wegen Verdacht des Betrugs mit Krediten und Aktien bekannt.

Zu diesem Zeitpunkt erhält der Staatsanwalt eine Telefaxmitteilung einer geschädigten Anlegerin über einen Telefonanruf am genannten Tag. Der Anrufer meldete sich mit ‚Her is China, may I speak to Mister Kalf'. Nachdem das verneint wurde, verabschiedete sich der Anrufer sofort. Das Telefonat dauerte etwa zehn Sekunden. Die Anlegerin vermutet, dass ihre Telefonnummer aus den Geschäftsunterlagen genommen wurde.
Nach fünf Jahren und vier Monaten wird Nelke angeklagt. Anfänglich saß er zwei Jahre in Untersuchungshaft. Anschließend war er vom weiteren Vollzug der Untersuchungshaft verschont gewesen bis zur Aufhebung des Haftbefehls vor eineinhalb Jahren. Nelke wird jetzt angeklagt, am genannten Ort über einen Zeitraum von zweieinhalb Jahren zweihundertzwei selbständige Kapitalanlagegeschäfte durchgeführt und dadurch einhunderteinunddreißig genannte Personen betrogen und geschädigt zu haben. Laut Anklageschrift betrieb Nelke sein Geschäft in der Absicht, sich oder einem Dritten einen rechtswidrigen Vermögensvorteil zu verschaffen.
Nach Meinung des Staatsanwalts bestimmte Nelke Inhalt und Umfang der Geschäfte seiner Firma, seit er vertraglich die Geschäftsführung übernommen hatte. Mit der faktischen Übernahme begann Nelke seinen zuvor gefassten Entschluss zu verwirklichen, die Vermittlung von Kapitalanlagen scheinbar zu betreiben und die Verträge nur dann zu erfüllen, wenn dies seinen eigenen finanziellen Interessen entsprach. Er garantierte, verbunden mit einer Gewinnzusage, wahrheitswidrig den Rückfluss des Kapitals. Auszahlungsbegehren bediente er mit den aus anderen Verträgen eingenommenen oder eingehenden Geldern bei Fälligkeit. Der Zahlungsverkehr mit den Kunden wurde sowohl bar als auch unbar abgewickelt.
Obwohl beides nicht der Wahrheit entsprach, führte Nelke bei Nachfragen zur Begründung an, Garantien sowohl auf Grund von speziellen Kenntnissen des Markts und als auch abgesichert durch das Vermögen der Firma abgeben zu können.
Nelke versprach den Anlegern Renditen zwischen acht Prozent und dreiundvierzigkommafünf Prozent innerhalb eines Anlagezeitraums von vier

Wochen bis sechs Monaten. In gesonderten Vereinbarungen sagte Nelke einen auszuzahlenden Gesamtbetrag fest zu, der keinen eventuell auftretenden Kursschwankungen unterworfen ist. Nelke hatte jedoch von vorneherein weder den Willen noch die Möglichkeit, die Rückzahlungsgarantien zu erfüllen.
Nelkes Firma bestand sieben Jahre. Drei Monate vor Nelkes Verhaftung wurde Konkursantrag gestellt. Bis zu diesem Zeitpunkt wurde insgesamt eine Anlagesumme in Höhe von mindestens einhundertundzehn Millionen Mark als tatsächliche Einzahlungen für Aktienkäufe zur Verfügung gestellt. Die zwei letzten Jahre fungierte Nelke vertraglich als alleiniger Geschäftsführer. Aus der genannten Gesamtsumme wird ihm ein Schaden von ungefähr sechzig Millionen Mark angerechnet.
Nach Stellung des ersten Konkursantrags beliefen sich die Rückzahlungsansprüche zusammen mit den Forderungen aus Altverträgen auf über achtzig Millionen Mark. Das zum Stichtag vorhandene Aktivvermögen der Firma betrug einhunderttausend Mark, sechsundsechzigtausend US-Dollar Guthaben bei Brokern und fünfhundertvierzigtausend Can-Dollar. Nach Eröffnung des Konkursverfahrens war ein Vermögen auf Inlandskonten der Firma nicht mehr vorhanden. Die Guthaben bei Brokern sowie bei einer amerikanischen Bank beliefen sich auf insgesamt vierhunderttausend Mark. Neben den Ansprüchen der Anleger bestanden Forderungen von Brokern in Höhe von siebzehntausend US-Dollar und achthunderttausend Can-Dollar sowie sonstiger Gläubiger in Höhe von einskommasieben Millionen Mark. Als Verteilungsmasse für die nicht bevorrechtigten Konkursgläubiger verblieben zweihundertsechzehntausend Mark.
Auszahlungen in Höhe von vierundvierzig Millionen Mark wurden nicht aus einem der Firma hierfür zur Verfügung stehenden Kapital bestritten. Rückzahlungsbegehren, die bedient wurden, erfolgten vertragswidrig mit sonstigen Anlagegeldern. Das entsprach den wirtschaftlichen Interessen von Nelke. Nelke verwandte nur einen geringen Teil eines ihm zur Anlage überlassenen Betrags für börslichen und außerbörslichen Aktienhandel. Nelke kaufte und verkaufte Aktien lediglich für rund zehn Millionen Mark, was in etwa einem Zehntel der Gesamtanlagesumme entspricht. Dementsprechend

entsprachen auch die Anzahl der erworbenen Aktien und die einzelnen Aktiengattungen nicht den abgeschlossen oder zugesagten Geschäften.
Während der gesamten Zeit, in der Nelke als Geschäftsführer agierte, wurden weder über Broker noch außerhalb der Börse auch nur annähernd die Aktien durch die Firma erworben, die nötig gewesen wären, um die Kundenaufträge zu erfüllen. Nelke kaufte unabhängig von Inhalt und Abschlussdatum der Kaufaufträge ausschließlich zu seinem eigenen Vorteil.
Im zweiten Jahr von Nelkes Geschäftsführertätigkeit traten Zahlungsschwierigkeiten auch nach außen in Erscheinung. Anleger mit Rückzahlungsbegehren wurden zunächst hingehalten und dann mit ungedeckten Schecks in Höhe von fünfzehn Millionen Mark bedient. Davon wurden zehn Millionen Mark an einem einzigen Tag ausgestellt. Die Schecks stellte Nelke zwei Monate vor seiner Verhaftung aus.
Der rechtswidrigen Verwendung der angelegten Gelder durch Nelke entsprach seine Buchführung. Die Eingaben der laufenden Verträge und der geleisteten Auszahlungen in zwei Computeranlagen dienten der Erhaltung der eigenen Übersicht. Der Zahlungsfluss zur Firma und von der Firma wurde nur unzureichend in Buchungsunterlagen erfasst. Entgegen kaufmännischer Verpflichtung dokumentierte Nelke nur dann, wenn der Geldeingang objektiv nachvollziehbar war. Regelmäßig verbuchte Nelke die überwiegend bar erfolgenden Einzahlungen und Auszahlungen nicht. Ohne Buchungsnachweis verfuhr er mit diesen bar eingezahlten Geldern nach seinem Gutdünken.
Die in geringem Umfang auf Konten der Firma bei Banken eingezahlten Gelder wurden in den Buchungsunterlagen erfasst. Dem entsprach teilweise die Verwaltung der Aktienbestände. Die Zuordnung von Aktienbeständen erfolgte ohne Verfügungsbefugnis der einzelnen Kunden.
Stellten Kunden in den Firmenräumen bei Fälligkeit Rückzahlungsbegehren, nahm Nelke für die Auszahlungen teilweise die von Anlegern bar übergebenen Geldbeträge, wenn sich die Gelder noch in den Firmenräumen befanden. Da weder ein nicht risikobehaftetes Eigenkapital noch ein sonstiges Vermögen nach Zeugenaussagen und aus Gutachten festgestellt werden konnte, ergibt sich eine Unterdeckung für den gesamten Tatzeitraum. Rose erklärte einem

Zeugen gegenüber, dass zum Ende des ersten Jahres von Nelkes Geschäftsführertätigkeit bereits zwanzig Millionen Mark zur Deckung aller Rückzahlungsforderung fehlten. Unabhängig vom offensichtlichen Zerwürfnis zwischen Rose und Nelke belegt diese Aussage die Unterkapitalisierung der Firma schon ab diesem Zeitpunkt. Anderen Zeugen gegenüber begründete Nelke Zahlungsschwierigkeiten mit ungünstigen Kursentwicklungen. Gegenüber einem weiteren Zeugen sprach Nelke von Rückzahlungsansprüchen über ungefähr dreißig Millionen Mark. Er konnte demnach seit geraumer Zeit nicht mehr mit Nachschüssen in vergleichbarer Höhe oder dem Fortschreiben von Verträgen durch Anleger rechnen.
Nelke betrieb seine Geschäfte trotz der auch für dritte, auch für Kalf erkennbaren Zahlungskrise in vollem Umfang weiter.
Auch Kalf animierte Anlagewillige zu weiteren Geldanlagen.
Dieses Verhalten erlaubt Rückschlüsse für den gesamten Tatzeitraum auch ohne fehlende Unterlagen. Ein Grund für die Vernichtung vorhandener Unterlagen ist nicht ersichtlich. Das Risiko der betriebenen Geschäfte mit Billigaktien war Nelke bewusst. Er bediente fällige Forderungen von Anlegern vertragswidrig mit anderen Anlagegeldern. Das bestätigen seine Lebensgefährtin und ein Kundenberater, der häufig mit hohen Barbeträgen in Nelkes Auftrag Kunden aufsuchte, um diese auszuzahlen. Aus den noch vorhandenen Buchungsunterlagen ergeben sich keine Hinweise auf die Herkunft der Gelder. Es ergeben sich jedoch aus Kontounterlagen nach erheblichen Einzahlungen von Kundengeldern Abbuchungen für Rückzahlungen. Zur Finanzierung der Auszahlungen erfolgten keine Deckungsgeschäfte.
Nelkes Bereicherungsabsicht und die Schädigung der Anleger ergibt sich insgesamt aus den erfolgten Einzahlungen und Auszahlungen, den Täuschungen, dem getätigten Aktienhandel, der Art der Buchführung und des Zahlungsverkehrs. Die Regelung der Fälligkeit der Forderung vierundzwanzig Monate nach Abschluss des Verfahrens im Kontext verschiedener Schuldanerkenntnisse rechtfertigt den folgenden Rückschluss. Nelke muss über ein bis jetzt noch nicht aufgefundenes Vermögen verfügen.

Bis zu Nelkes Verurteilung werden Monate vergehen. Ob ein Prozess tatsächlich stattfindet, ist ungewiss. Nelke könnte auf Dauer verhandlungsunfähig bleiben.

Für den nächsten Zeugen, den der Staatsanwalt vernimmt, war von Anfang an klar, dass Kalf das Geld nicht selbst bei Aktienkäufen anlegt. Seiner Meinung nach war Kalf dazu zu naiv. Der Mann stammt aus derselben Gegend wie Kalf. Er kennt Kalf schon seit zehn Jahren von dessen Veranstaltungen. Eng befreundet war er mit Kalf nie, umso mehr dagegen mit dessen engstem Mitarbeiter, mit dem er sich sehr anfreundete. Gemeinsam mit ungefähr fünfzehn Mitgliedern gründeten sie einen Investmentclub. Er selbst wurde Vorsitzender. Jeder musste als einmalige Einlage zwanzigtausend Mark einzahlen. Mit den Einlagen wurden Anlagen getätigt. Mit dabei waren bekannte Personen aus Fußball und Showbusiness.

Der Name Nelke ist ihm aus den jetzigen Presseberichten ein Begriff. Erst im Nachhinein stellte er fest, dass er den Mann bereits vorher durch Kalf kennen gelernt hatte.

Irgendwann wurde er darauf aufmerksam, dass Kalf Kapitalanlagen tätigt. Es war die Rede von jährlich zwanzig bis fünfunddreißig Prozent Rendite. Natürlich hat er sich dafür interessiert und deshalb wollte er wissen, wie dieser Gewinn erwirtschaftet werden kann. Er erfuhr, dass Aktienkäufe von Betrieben getätigt werden, deren Börsengang bevorsteht. Daraufhin entschloss er sich, bei Kalf eine Kapitalanlage vorzunehmen. Wer hinter dem ganzen Geschäft steckt, wusste er nicht. Seiner Erinnerung nach wurde von Anlagen in Amerika gesprochen. An weitere Details kann er sich nicht erinnern.

Der Name von Nelkes Firma und die Namen der drei Firmen von Kalf werden ihm genannt. Er kennt keinen der Namen. Auch die Namen Rose und Tulpe sagen ihm nichts. Von einer Bank mit Sitz in Antigua hat er noch nie gehört.

Er legte mehr als sechshunderttausend Mark an. Es war eigenes Geld und es waren Bankkredite, auch Geld aus dem Familienkreis und von engen Freunden. Die Namen der Freunde will er nicht nennen. Er gab die Gelder in bar in unterschiedlichen Summen an Kalf. Ob Kalf sagte, dass er persönlich anlegt oder durch einen anderen angelegt wird, kann er nicht mehr sagen.

Quittungen erhielt er nicht. Die Rückzahlung sollte in einem halben oder in einem dreiviertel Jahr plus einer Verzinsung von zwanzig Prozent erfolgen. Kalf betonte die Sicherheit des Geschäfts, da er ja sein eigenes Geld entsprechend angelegt hat.

Die Rückzahlungen kamen nicht wie vereinbart, obwohl er häufig bei Kalf mahnte. Anfänglich sagte Kalf, dass das Geld schon kommen wird. Als dann die Sache mit Nelke in der Presse stand, redete Kalf zum ersten Mal im Zusammenhang mit den Anlagen über Nelke und dass Nelke das Geld verschwinden ließ. Erst da erfuhr er von Kalf, dass der das Geld angeblich an Nelke weitergegeben hat. In den beiden Jahren nach Nelkes Inhaftierung zahlte ihm Kalf in mehreren Beträgen ungefähr dreihunderttausend Mark zurück. Die letzten Beträge zahlte Kalf auf sein sehr starkes Drängen in dem Jahr zurück, in dem der selbst verurteilt wurde. Nachträglich verlangte er Quittungen von Kalf, die der dann unterschrieben hat. Auf Grund dieser Quittungen erwirkte er einen Titel gegen Kalf. Der schuldet ihm ohne Zinsen noch ungefähr dreihunderttausend Mark.

Er war immer der Meinung gewesen, dass eine Anlage bei Kalf in sicheren Händen ist. Für ihn war das Erbe, das Kalf im Rücken hatte und dessen Bekanntheit genügend Sicherheit gewesen.

Nach mehreren Telefonaten mit den ermittelnden Kriminalbeamten bleibt Kalfs engster Mitarbeiter dabei, dass er keine beweiserheblichen Angaben zu Kalf und dessen Geschäften machen kann. Zuletzt erklärt er, dass er in keinem Fall irgendwelche Angaben zur Sache machen wird. Nach Rücksprache mit seinem Rechtsanwalt wird er lediglich Angaben zu seiner Person machen, sonst möchte er nichts sagen. Auch der Vorschlag des Sachbearbeiters wird strikt abgelehnt, den Sachverhalt ohne polizeiliche Vernehmung durchzusprechen.

Drei Monate vor der ersten Kontaktaufnahme mit dem Mann hatte er in einem privaten Gespräch sein Erstaunen darüber geäußert, dass er bis jetzt wegen Kalf noch nicht vernommen worden war. Er traf sich mit zwei Frauen, die, wie er selbst auch, Kalf Geld zur Anlage gegeben hatten. Der Staatsanwalt erfuhr von diesem Gespräch.

Kalfs engster Mitarbeiter wusste über dessen Anlagegeschäfte Bescheid. Er warb selbst für Kalfs Geschäfte. Auf Sicherheiten angesprochen, sprach Kalf von seiner zu erwartenden familiären Erbschaft und von der Erbschaft von einer schwerkranken Dame. Der Mann hörte, wie Kalf ‚in einer Woche ist alles erledigt' sagte.

Für seinen früheren engsten Mitarbeiter ist Kalf ein pathologischer Lügner. Er hoffte, dass Kalfs betrügerische Machenschaften aufgedeckt werden. Trotzdem war der Mann vor dem Staatsanwalt zu keiner Zeugenaussage bereit. Soweit reichte seine Courage nicht. Die Angst vor eigener Verstrickung in Kalfs Geschäfte war größer. Vielleicht fürchtete er auch das Finanzamt. Einige Anleger bestätigten, dass der Mann ebenfalls damit begonnen hatte, Geld einzusammeln. Als Kalf das erfuhr, reagierte er extrem aggressiv. Der Streit darüber beendete die Zusammenarbeit.

Wir wissen, wen Kalf mit der schwerkranken Dame meint. Auch sein engster Mitarbeiter weiß das. Bei unserem Gespräch mit dem Mann waren wir uns einig gewesen. Für Geld geht Kalf über Leichen.

X. Geld ist irgendwo

Gegen den Auslandsbanker, der Millionenbeträge auf ein Konto von Kalf überwiesen hat, wird im Zusammenhang mit dubiosen Geldgeschäften der Bank in Österreich ermittelt. Nach einer Mitteilung der dortigen Bundespolizei wurde der Mann als Zeuge in einem Verfahren in Italien vernommen. Der Staatsanwalt interessiert sich für mögliche Zusammenhänge der einzelnen Ermittlungsverfahren gegen den Banker und bittet die Staatsanwaltschaft in Bozen um Nachricht.

Kalfs Anwalt widerspricht den neuerlichen Pressemeldungen über aufgefundene Auslandskonten seines Mandanten. Nach Meinung des Anwalts müssen die vorliegenden Unterlagen gefälscht sein. Der Mann teilt mit, dass Kalf weder Konten in Litauen oder in Venezuela, noch in der Schweiz oder in Liechtenstein eröffnet hat. Weder in eigenem, noch in fremden Namen. Auch nicht in Pseudonamen. Sein Mandant erhebt keinerlei Einspruch gegen Auskünfte der Banken und wird eventuell nötige gesonderte Vollmachten erteilen.

Wozu braucht es die vorauseilende Mitteilung des Anwalts? Den Anwalt möchten wir sehen, der nicht versucht, die Schuld eines Mandanten zu verschleiern. Für vorhandene Konten wird kein Betrüger Auskunftsvollmacht erteilen. Wir wissen aber, dass Kalf Auskunftsersuchen an seine ausländische Geschäftsbank gegenüber Anlegern untersagte.

Der Staatsanwalt beantragt beim Ermittlungsrichter Durchsuchungsbeschlüsse für die genannten Banken in der Schweiz und in Liechtenstein. Hingewiesen wird insbesondere auf Überweisungen nach Vilnius und Caracas. Betrügerisch erlangte Gelder sollen in Millionenhöhe bei den genannten Banken eingezahlt worden sein.

Vilnius ist neu, sagt meine Freundin, aber mit Caracas sind wir nah bei den Inseln über dem Wind. Vor Caracas liegen die Inseln unter dem Wind.

Unser Detektiv bekommt Konkurrenz. Ein zweiter Detektiv bietet Kalfs größtem Gläubiger seine Dienste an. Der Mann sagt, dass er drei Jahre gegen Nelke ermittelte. Nachdem Nelke angeschossen wurde, bekam einer von vielen Geschädigten sein Geld wieder. Also ist Nelke in der Lage, über eine dritte Person Geld abzurufen. Es gibt eine Person, die bei den damaligen Ermittlungen übersehen wurde. Diese Person lebt heute in Saus und Braus. Kalf ist seiner Meinung nach unschuldig. Die Aktion wird nur laufen, wenn Kalf den Köder spielt. Der Gläubiger kann Kalf dazu überreden. Der wird dazu bereit sein, weil gleiche Interessen vorhanden sind. Kalf wird ihm dann vertrauen und ihn akzeptieren.
Der Mann beruft sich in seinem Anschreiben auf einen Presseartikel, in dem der erste Detektiv angeschwärzt wird. Ein Kriminalbeamter soll für zugeschanzte Aufträge von einem Detektiv, der gleichzeitig als V-Mann für die Polizei arbeitet, bestochen worden sein. Details wurden dem Polizeipräsidenten in einer Erklärung mitgeteilt. Die Rede ist von unbürokratischer Amtshilfe aus dem Polizeicomputer und von einer gemeinsamen Geschäftsreise zu einem verurteilten, flüchtigen Anlagebetrüger nach Bolivien.
Unser Detektiv bezeichnet alle diesbezüglichen Meldungen als Unsinn. Andererseits gibt es gleichlautende Meldungen, dass er sich auch an Kalf heranmachte und dem seine Dienste anbot. Natürlich betrachten wir den Mann und seine Arbeit ab jetzt mit Vorsicht und vor allem mit Zurückhaltung. Trotzdem hoffen wir, dass Kalfs Betrugsgeschäfte, wenn unumgänglich, auch durch ansonsten fragwürdige Aktionen aufgedeckt werden. Recht ist, was nützt. Dieser Zweck heiligt nicht alle, aber einige Mittel. Wir sind überzeugt, dass Kalf Anlagewillige mit Renditeversprechungen köderte und das eingezahlte Kapital in betrügerischer Absicht und nach Bedarf dafür verwendete, um bereits vorhandene Anleger zu befriedigen und diese damit zu weiteren Geldhingaben zu verleiten. Wir versprechen uns Klarheit aus der betriebswirtschaftlichen Auswertung seiner Geschäftskonten. Die zweite Frage ist, wie viel Geld er veruntreute und wie er das Geld für sich selbst verwendete.
Nach einer Mitteilung des Detektivs bestätigt ein ehemaliger Mitarbeiter Kalfs Reise nach Caracas neun Monate vor Nelkes Verhaftung. Kalf setzte sich nach

vier Tagen ab. Wahrscheinlich erledigte der in dieser Zeit Geldgeschäfte. Das Eröffnungsdatum des Kontos in Caracas ist deshalb von Bedeutung. Der Mann ist sich sicher, dass sich Kalf von jedem einzelnen Investment beträchtliche Provisionen genehmigte und beiseite schaffte. Ein bekannter Politiker ist ein enger Freund von Kalf, sagt der Mann und eine genannte Person aus dem Medienbereich ist einer seiner Anleger.

In einem Telefonanruf eines ihm unbekannten Österreichers mit besagtem Namen werden dem Detektiv Nachweise über Konten von Kalf angeboten. Geredet wird über dreißig Millionen österreichische Schilling. Laut Mitteilung eines österreichischen Kollegen der Kriminalpolizei ist der genannte Anschluss die Handynummer einer Lizenzfirma in Salzburg, über die bisher keine Erkenntnisse vorliegen. Der Anrufer ist zu einem Treffen in Deutschland bereit. Der Staatsanwalt wird auf Anfrage an einem derartigen Treffen nicht teilnehmen. Gegen die Teilnahme eines Kriminalbeamten bestehen keine rechtlichen Einwände, wobei die Personalien belegt und danach ein Rechtshilfeersuchen beantragt werden kann. Der Kriminalbeamte äußert den Verdacht, dass der Mitteiler vermutlich seine Informationen nur gegen Zahlung einer Geldsumme preisgeben wird. Von staatlicher Seite kann kein Angebot kommen. Der Staatsanwalt verweist auf den Auftraggeber des Detektivs, der möglicherweise Geld zur Verfügung stellt.

Der ermittelnde Kriminalbeamte teilt dem Staatsanwalt mit, dass nach den genannten Originalschecks sowohl bei der Landeszentralbank als auch hausintern bei Kalfs Geschäftsbank recherchiert wurde. Da die Aufbewahrungsfrist nur sechs Jahre beträgt, wurden diese Unterlagen zwischenzeitlich vernichtet. Unterlagen auf Mikrofilm sind ebenfalls nicht mehr vorhanden. Weitere interne Fragen unter den Bankangestellten, auch bei ehemaligen Mitarbeitern, erbrachten kein Ergebnis.

Die Schweiz gibt dem Rechtshilfeersuchen der deutschen Staatsanwaltschaft statt. Die dem Kalf vorgeworfene Tat fällt auch nach schweizerischem Recht unter den Tatbestand des Betrugs, so dass beiderseitige Strafbarkeit gegeben ist. Die genannte Bank ist mit der vereinfachten Ausführung der Rechtshilfe einverstanden. Die Bank teilt mit, dass auf den Namen Kalf keine

Kundenbeziehungen vorhanden sind oder waren. Die genannte Kontonummer ist nicht bekannt.
Der Telefonanrufer wird als Zeuge bei der Wirtschaftspolizei in Salzburg vernommen. Ihm ist Kalf durch Geschäfte bekannt, die sieben bis acht Jahre zurückliegen. Nelke ist ihm nicht bekannt. Nach den jüngsten Presseberichten über Kalf setzte er sich mit dem Detektiv in Verbindung. Er hoffte, durch den Mann sein Geld wiederzubekommen, das ihm Kalf seit sieben Jahren schuldet. Zunächst wurde eine Zusammenkunft vereinbart, die er dann aber absagte. Im Telefongespräch mit dem Detektiv gab es allgemeine Annahmen und Mutmaßungen. Über dreißig Millionen Schilling hat er sich nicht konkret geäußert. Er nannte keine Beträge. Der Detektiv sagte, dass Kalf in Deutschland wegen dreißig Millionen Mark gerichtlich verfolgt wird. Er kennt weder Geschäftsverbindungen noch Bankverbindungen von Kalf. Die jeweiligen Telefongespräche dauerten nie länger als zwei bis drei Minuten. Die Verständigung war schwierig, was zu Missverständnissen führte. Er ist weiter unter der angegebenen Handynummer erreichbar.
Der ehemalige Bankdirektor von Kalfs inländischer Geschäftsbank wird durch die ermittelnden Kriminalbeamten vernommen. Der Zeuge bestreitet, bei Geldübergaben an Kalf dabei gewesen zu sein. Er bestreitet auch Behauptungen, dass während seiner Zeit als Bankdirektor für Kalfs Anlagemodell geworben wurde, obwohl Kunden danach fragten.
Er bestätigt seine eigene Geldanlage bei Kalf, für die er achthunderttausend Mark auf Kalfs Auslandskonto überwies. Kalf sagte zu ihm, dass er in Penny Stocks anlegen wird. Genauer äußerte sich Kalf nicht. Er war mit Kalf befreundet und kümmerte sich nicht weiter um die Anlage. Als Bankdirektor wusste er, dass die Anlage in amerikanischen und kanadischen Billigaktien bis zu diesem Zeitpunkt funktionierte. Ihm war klar, dass bei entsprechenden Informationen und nach Lage des Markts immense Renditen zu erzielen sind. Dass Kalf einziger Inhaber der Firmen mit Sitz in Liberia war, wusste der Bankdirektor nicht. Kalf teilte ihm die Kontoverbindung bei der ausländischen Bank mit, er überwies das Geld und erhielt dann diese Kaufaufträge. Er unterschrieb und Kalf nahm eine Ausfertigung wieder mit.

Kalf verbürgte sich persönlich für die Kapitalanlage.
Nach drei Jahren werden die Ermittlungen gegen Kalf eingestellt, die die Strafanzeige unserer Anlegerin betreffen. Ein etwaiges Vereiteln der Zwangsvollstreckung war nicht verfolgbar, weil ein Verfahrenshindernis wegen Nichteinhaltung der Antragsfrist von drei Monaten bestand. Unsere Anlegerin erfuhr bereits sieben Monate vor ihrer Strafanzeige nach einem erfolglosen Vollstreckungsversuch von den Abtretungen und Übereignungen. Die falsche Versicherung an Eides statt vor einem Amtsgericht ist Kalf nicht nachweisbar. Es liegt ein Versehen des Rechtspflegers vor. Der und nicht Kalf füllte das Vermögensverzeichnis aus. Es wurden keine Vermögensgegenstände verschwiegen, sondern Geschäftsanteile aufgenommen, die Kalf nicht mehr zustanden. Eine Gläubigerbegünstigung oder ein Bankrottdelikt liegen nicht vor. Die von Kalf begünstigten Zeugen haben fällige Forderungen gegen Kalf, die nicht geringer sind als der Wert der gewährten Sicherheiten. Kalf hat seine Zahlungen auch nicht komplett eingestellt. Über sein Vermögen wurde nicht das Konkursverfahren eröffnet oder mangels Masse abgelehnt. Zivilrechtliche Ansprüche werden durch diese Entscheidung nicht berührt.
Der Anwalt der Anlegerin legt bei der Generalstaatsanwaltschaft Beschwerde gegen die Einstellung ein und kündigt die Begründung nach Akteneinsicht an. Der Anwalt fordert zum wiederholten Mal die Gewährung der Einsicht in die Ermittlungsakten.
Der Anwalt erhält Akteneinsicht für drei Tage. Eine Beschwerdebegründung erfolgte nicht mehr. Der Beschwerde wird durch den Oberstaatsanwalt nicht abgeholfen. Die Gründe der angefochtenen Verfügung treffen weiterhin zu. Der Oberstaatsanwalt beim Oberlandesgericht schließt sich der Entscheidung der Staatsanwaltschaft an und vermerkt erneut, dass die Beschwerde nicht begründet worden war. Das Verfahren einzustellen, entspricht der Sachlage und der Rechtslage.
Wenn man nur will, kann man alles so interpretieren, dass es irgendwie zu der Schiene passt, auf der man sich schon vor fünf Jahren entschlossen hatte zu fahren.

Kalf stellte sich innerhalb einer Woche durch Eigentumsübertragungen vermögenslos. Spricht das nicht für den Vorwurf der Gläubigerbegünstigung hinsichtlich der Leute, bei denen er damit rechnen kann, sein Eigentum wiederzubekommen und auch trotz der Abtretung dieses in seinem Einflussbereich zu behalten? Eine akzeptable Beweiswürdigung der objektiven Verdachtsmomente gegen Kalf fehlt. Man kann sagen, dass sich die Staatsanwaltschaft ohne Begründung nur mit dem Teil der Aussagen abgibt, der aus deren Sicht die Einstellung der Verfahren am ehesten begründen kann. Alle übrigen Ermittlungsverfahren gegen Kalf wegen Betrugs werden ebenfalls eingestellt. Selbst dann, wenn Betrugstaten vorlägen, wären die Verfahren nach Meinung des Staatsanwalts wegen Verjährung einzustellen.

Der Beginn der Verjährung ist ein interpretationsfähiger Tatbestand.

Keine der folgenden Beschwerden hatte Erfolg. Nach Beurteilungen durch Staatsanwalt und Oberstaatsanwalt ergaben die Ermittlungen keine Anhaltspunkte dafür, dass Kalf im Zusammenhang mit Kapitalanlagen andere getäuscht und angelegte Gelder für sich vereinnahmt hat. Der Beschuldigte war nach Einschätzung des Staatsanwalts in Geldangelegenheiten von einer nicht nachvollziehbaren Sorglosigkeit. Aus den Ermittlungsakten ergab sich, dass Kalf sehr hohe Geldbeträge vertrauensvoll ohne Quittung weitergegeben hat. So freundlich wird Kalfs Betrug interpretiert. Ohne Nachprüfung, ob die Geldbeträge tatsächlich weitergegeben wurden und wer diese dann erhalten haben soll. Für Kalfs Behauptungen gibt es nicht den geringsten Beweis. Der Staatsanwalt verhindert Aufklärung, wenn er weitere Ermittlungen zu Kalfs Betrug unterlässt und dessen betrügerische Machenschaften für nicht strafbar hält. Die Ermittlungen werden auf Grund der Aussage des Beschuldigten eingestellt, weil der sich unschuldig präsentiert. Vielleicht hat der Staatsanwalt Kalfs System nicht verstanden. Ein Beschuldigter, der so einen Staatsanwalt hat, braucht keinen Verteidiger.

Nach der Einstellung der Ermittlungsverfahren fragt die Bezirksanwaltschaft Zürich nach, ob bezüglich der Rechtshilfe weitere Informationen benötigt werden. Sieben Tage später teilt der Staatsanwalt mit, dass das Verfahren gegen Kalf eingestellt wurde. Weitere Informationen werden nicht benötigt.

Die ursprünglich für Kalf zuständige Staatsanwaltschaft bittet für das Ermittlungsverfahren, das anfänglich dort aufgenommen wurde, um eine Schlussverfügung durch den Staatsanwalt, der auf Grund der Sonderzuständigkeit bei Wirtschaftsdelikten alle Strafverfahren gegen Kalf vor fünf Jahren übernommen hatte. Anscheinend wurde damit auch Kalfs Anteil an Nelkes Betrug endgültig zu den Akten gelegt. Von der geschätzt veranschlagten Betrugssumme von einhundert Millionen Mark wurden Kalf vierzig Millionen Mark zugeschlagen. Zahlen nerven, aber sie sind auch ein Zeichen für Qualität.

Die Nachricht ist in allen Zeitungen und Magazinen zu lesen. Nach zehnmonatiger Ermittlungsarbeit werden die letzten Betrugsverfahren gegen Kalf eingestellt, weil sich der Verdacht des Geldanlagebetrugs nicht erhärtet hatte. Der Staatsanwalt fand keine Anhaltspunkte dafür, dass Kalf Anleger täuschte oder Gelder für sich vereinnahmte. Kalf hatte bei seinen Vernehmungen stets angegeben, dass er bei der Vermittlung von Anlegern selbst von Schwindlern betrogen wurde. Zu dieser Behauptung von Kalf äußerte sich der Oberstaatsanwalt in der Pressemitteilung nicht. Die Informationen des Detektivs waren größtenteils unzutreffend. Das ließ der Oberstaatsanwalt melden. Kollegen ermitteln jetzt gegen den Detektiv.

Auch das Regionalblatt meldet, dass Kalf nicht angeklagt wird.

Eine Woche danach stirbt eine Gläubigerin von Kalf. Sie gehörte zu den Anlegern, die vor einem Jahr Kalf wegen Betrugs angezeigt hatten. Ihre Freundin hatte Kalf ebenfalls wegen Betrugs angezeigt.

Der Wirt einer Pizzeria hatte bei Kalf angelegt und dafür ein Darlehen bei Kalfs inländischer Geschäftsbank aufgenommen. Der Mann glaubte, sich mit der Anlage bei Kalf finanziell frei zu schwimmen und seine Schulden begleichen zu können. Als das von Kalf angepriesene Geschäft nicht den erhofften Geldsegen brachte, schloss der Mann seine Akten.

Gläubiger redeten über einen Anleger, der für die Anlage bei Kalf sein Haus belastet hatte. Da Kalf nichts zurückzahlte, musste der Mann hinnehmen, dass sein Haus versteigert wurde. Kalf weiß das. Es störte ihn nicht.

Ein Mann erlitt einen tödlichen Herzinfarkt aus Kummer darüber, einen Bekannten zu einer Anlage bei Kalf angeregt zu haben. Der Bekannte sah sein Geld nicht wieder.
Die Frau eines Mitarbeiters von Kalf sagt, dass ihr Mann aus Gram darüber gestorben ist, dass sein ehemals guter Ruf durch Kalf in den Dreck gezogen wurde. Der Mann wurde von verschiedenen Anlegern verdächtigt, über die Betrugsgeschäfte Kalfs Bescheid gewusst und sich trotzdem nicht davon distanziert zu haben. Der Mann hatte Kalf bei seinen Eigentumsübertragungen geholfen.
Eine Anlegerin lebt jetzt von der Sozialhilfe, da Kalf das ihm überlassene Geld nicht zurückzahlte.
Eine Frau zahlt Raten an eine Bank für ein Darlehen, das an Kalf zur Anlage überwiesen wurde. Kalf verwendete das Geld vertragswidrig. Kalf zahlte das Geld nicht zurück.
Schadenersatzklagen werden geführt.
Wie kassierte Kalf?
Eine Gesellschaft für die Erstellung betriebswirtschaftlicher Gutachten war beauftragt worden, die Daten der beiden Kontokorrentkonten zu überprüfen, die Kalf als Gründungspräsident seiner beiden Finanzfirmen eröffnet hatte. Da als Geschäftszweck beider Firmen die Weiterleitung der von der Anlegergruppe Kalf zur Verfügung gestellten Gelder an Nelkes Finanzfirma genannt wird, wollen meine Freundin und ich wissen, ob Kalf als Alleinbevollmächtigter dieser Konten die Kundengelder auftragsgemäß verarbeitete.
Gut vier Wochen nach Erteilung des Auftrags übergab die Gesellschaft einen Zwischenbericht an den Staatsanwalt. An Hand der vorliegenden Unterlagen wurden Geldzuflüsse und Geldabflüsse beider Konten dargestellt. Die Daten des Auslandskontos wurden den vorliegenden Kopien von Kontoauszügen und Anlagen entnommen. Die Daten des Inlandskontos entstammen den Aufstellungen eines Wirtschaftsreferenten, die durch vorliegende Kontoauszüge, Anlagen und Belege ergänzt wurden. Bearbeitet wurden die aus den Unterlagen zu den jeweiligen Konten hervorgehenden gesamten Umsätze, die Umbuchungen zwischen den diversen Währungskonten und neun

Unterkonten des Auslandskontos, die Festgeld- und Termingeldanlagen mit Zinserträgen, Stornobuchungen, Zinsbelastungen und Zinsgutschriften, Gebührenbelastungen sowie Wertpapierkäufe und Wertpapierverkäufe mit Zins- und Dividendengutschriften. Die aus den vorliegenden Unterlagen ersichtlichen Buchungen wurden in anlegerbezogene Darstellungen zusammengefasst. Die Darstellungen beinhalten die handschriftlichen Aufstellungen von Kalfs Rechtsanwalt und die Aufzeichnungen der Steuerfahndung des zuständigen Finanzamts. Diese Mitteilungen sind in der Spalte ‚Bemerkung' jeweils grau unterlegt dargestellt. Für diese Informationen lagen zum Zeitpunkt der Bearbeitung keine entsprechenden Belege vor.
Kalf hatte in allen Vernehmungen behauptet, Kundengelder stets nur angenommen und weitergeleitet zu haben. Seine Konten entlarven auf den ersten Blick seine erste Aussage als Lüge. Kalf verfügte selbst über Kundengelder und betrieb Geld- und Wertpapiergeschäfte. Nach allen übereinstimmenden Zeugenaussagen informierte Kalf nicht einen einzigen Geldgeber über diese Geschäfte, die er eigenmächtig durchführte. Allen Anlegern gegenüber behauptete Kalf, dass ein Anderer die Anlagegeschäfte erledigt. Er leitet lediglich weiter. An die Firma seines Geschäftspartners. Aus den Kontenaufstellungen erweist sich auch die zweite Behauptung von Kalf als Lüge. Kalf betrieb demnach eigene Geschäfte und leitete nur sporadisch weiter.
Die Aufstellungen des Geschäftspartners werden wir nach dessen Anklageschrift und die Aufzählungen in Kalfs Strafbefehl nach Kalfs Konten daraufhin überprüfen und abgleichen. Und wir werden alle Personennamen überprüfen, die als Anleger auftauchen.
Was wir bis jetzt berichteten, waren Spuren, Hinweise, Indizien.
Hier sind Beweise.
Das Auslandskonto bestand drei Jahre und knapp fünf Monate. Wir lesen zweiunddreißig Kundennamen. Dreizehn Kunden zahlten in zweiundzwanzig Buchungen knapp vierkommasieben Millionen Mark ein. Zweiundzwanzig Kunden erhielten in fünfundzwanzig Buchungen knapp dreikommasieben Millionen Mark ausbezahlt. Lediglich drei Kunden werden sowohl bei

Einzahlungen als auch bei Auszahlungen genannt. Zehn Kunden zahlten nur ein und neunzehn andere Kunden wurden ausschließlich ausbezahlt.
Kalf zahlte von diesem Konto eine Million Mark an eingegangenen und namentlich zuweisbaren Kundengeldern nicht aus.
Weiter.
Betragsmäßig bleiben zehn Kundeneinzahlungen unter einhunderttausend Mark, zehn stehen zwischen einhundert und fünfhunderttausend Mark, eine Kundeneinzahlung steht bei siebenhunderttausend Mark und eine bei knapp einskommaeins Millionen Mark. Siebzehn Kundenauszahlungen dagegen bleiben unter einhunderttausend Mark, sechs stehen zwischen einhunderttausend und fünfhunderttausend Mark und zwei Kundenauszahlungen belaufen sich auf eine Million und auf knapp einskommaeins Millionen Mark.
Kalf zahlte verhältnismäßig kleinste Beträge an Kunden aus. Von den siebzehn Kundenauszahlungen unter einhunderttausend Mark liegen zwölf unter fünfzigtausend Mark.
Weiter.
Aus den gesamten Kundenauszahlungen erhielt auffallend ein einziger Kunde innerhalb von fünf Monaten Millionen zurück. Der Mann zahlte auf dieses Konto keine Mark ein. Kalf überwies aber von diesem Konto insgesamt knapp zweikommaeins Millionen Mark in zwei Beträgen an diesen Kunden. Diese beiden betragsmäßig höchsten Kundenauszahlungen erfolgten jeweils nach dem Eingang der zwei betragsmäßig höchsten Kundeneinzahlungen eines anderen Kunden auf Kalfs Konto. Der Kunde erhielt beide Millionenbeträge mit internationaler Überweisung auf ein Inlandskonto gutgeschrieben, worüber er sich nach eigener Aussage wunderte, nachdem er glaubte, sein Geld in Deutschland angelegt zu haben. Kalf sagte, dass Verkaufserlöse vom Ausland aus verteilt werden. Der Kunde ist der Wirtschaftsanwalt des Betriebswirts.
Kalf leitete Kundengelder nicht weiter, sondern verfügte darüber selbst und befriedigte stattdessen damit Forderungen anderer Kunden.
Weiter.

Neun Gutschriften veranlasste Kalf. Davon zahlte Kalf fünf Beträge zwischen zehntausend Mark und einer Million Mark bar ein, fünfhunderttausend Mark überwies er sich von seinem Firmenkonto der inländischen Bank, eine Gutschrift über einskommafünf Millionen Mark wurde als Anleihe verbucht und eine weitere Gutschrift über einskommafünf Millionen Mark wurde nach einer Scheckeinreichung, gezogen von einem Privatkonto von Kalf bei einer anderen inländischen Bank, verbucht. Sechs Einzahlungen erfolgten durch Mail Transfers und Umbuchungen vom Konto der Firma mit Sitz in Liberia. Insgesamt schrieb sich Kalf durch die genannten fünfzehn Einzahlungen siebenkommaeins Millionen Mark gut.

Sechsmal belastete Kalf sein Firmenkonto durch Überweisungen an sich selbst. Davon gingen zwei Überweisungen über zusammen zwanzigtausend Mark auf ein weiteres Auslandskonto von Kalf und vier Überweisungen über insgesamt zweikommafünf Millionen Mark wurden auf zwei von Kalfs Konten bei verschiedenen inländischen Banken gutgeschrieben. Insgesamt überwies sich Kalf auf eigene Konten über zweikommafünf Millionen Mark.

Danach konnte Kalf ohne Deklarierung der ursprünglichen Herkunft der Millionenbeträge sowohl auf seinem Firmenkonto als auch auf Privatkonten jeweils ein Plus von zweikommafünf Millionen Mark verzeichnen.

Kalf zahlte auf sein Firmenkonto nicht näher bezeichnete Millionenbeträge in bar ein und ließ diese Millionen auf andere Konten buchen. Sechs Umbuchungen über insgesamt zwei Millionen Mark erfolgten wieder auf das Konto der Firma mit Sitz in Liberia.

Weiter.

Ohne Text wurden auf Kalfs Konto mit achtunddreißig Buchungen knapp insgesamt siebenkommasieben Millionen Mark gutgeschrieben. Ebenso ohne Text belastete Kalf das Konto in neununddreißig Abbuchungen mit einem Gesamtbetrag von achtkommavier Millionen Mark. Die betragsmäßige Differenz erklärt sich möglicherweise aus der Abbuchung ohne Text von über einskommafünf Millionen Mark, die sich Kalf, als Anleihe deklariert, gutschreiben ließ.

Dreizehn hohe Einzahlungsbeträge legte Kalf als Festgeld, zum Beispiel für eine Woche, an. Der kleinste Betrag beläuft sich auf fünfhunderttausend Mark, der höchste Betrag auf einskommafünf Millionen Mark. Auch diese Transaktionen wurden nicht kundenbezogen verbucht. Gutschriften und Belastungen sind nach Belegnummern betragsmäßig zuzuordnen, aber namenlos. Alle Einzahlungen zusammen genommen, verwendete Kalf als Festgeld neunkommaneun Millionen Mark.

Insgesamt verfügte Kalf über Gutschriften in Höhe von über sechzehnkommasechs Millionen Mark und über Belastungen über achtzehnkommadrei Millionen Mark ohne Nachweis.

Kalf transferierte ohne Information und Einverständnis der Geldgeber Millionenbeträge, über deren Herkunft und Verwendung kein Nachweis vorliegt.

Weiter.

Gut zwei Jahre nach Eröffnung startete Kalf über dieses Konto eigene Aktiengeschäfte. Kalf benutzte das Konto während der zweiten Hälfte der Laufzeit bis zum Kontoschluss fast ausschließlich für eigene Aktiengeschäfte.

Wir stellen im genannten zweiten Zeitabschnitt noch vier Kundeneinzahlungen und sechs Kundenauszahlungen fest. Dabei wurden sechshundertachtzigtausend Mark eingezahlt und über einskommadrei Millionen Mark ausgezahlt.

Kalf kaufte und verkaufte dreizehn verschiedene Aktienwerte. Kalfs Aktien sind nicht die Wertpapiere, die sein Geschäftspartner vertrieb. Kalfs Aktien heißen Credit National, Guinness, BNP, Spain, TIAG Tabbert, Citicurrencies DM Portfolio, Sony Music Entertainment, Goldman Sachs, Citiportfolio North American Equity, Citiportfolio German Equity, Grainger INC WW, Citi-Monaco, France Telecom.

Kalf kaufte mit dem Geld der Anleger Aktien auf eigene Rechnung entgegen der von ihm verbreiteten Behauptung, das erhaltene Geld ausschließlich an seinen Geschäftspartner weiterzuleiten.

Weiter.

Nur in der ersten Woche nach der Eröffnung des Kontos überwies Kalf eingegangene Kundengelder an die Firma seines Geschäftspartners. Durch

vier Überweisungen überließ Kalf seinem Geschäftspartner knapp eine Million Mark.
Von der Summe aller Einzahlungen von neunundzwanzigkommavier Millionen Mark überwies Kalf knapp dreikommasieben Millionen Mark an genannte Kunden und knapp eine Million Mark an die Firma seines Geschäftspartners. Über vierundzwanzigkommasieben Millionen Mark verfügte Kalf nach eigenen Vorstellungen. Das zeigen die Kontounterlagen des Auslandskontos ohne Zweifel.
Kalf verfügte selbst über Anlagegelder von Geldgebern.
Ebenfalls als Sammelkonto benutzte Kalf sein zweites Geschäftskonto.
Fünf Monate nach Eröffnung des Auslandskontos ist eine erste Kundeneinzahlung auf ein Konto Kalfs bei einer inländischen Großbank verbucht. Kalf schloss dieses Konto nach eineinhalb Jahren.
Kalfs zweites Geschäftskonto zeigt die gleiche Verbuchungspraxis wie das Auslandskonto. Kundeneinzahlungen in Beträgen von zwanzigtausend Mark bis drei Millionen Mark stehen Kundenauszahlungen von eintausendvierhundert Mark bis neunhunderttausend Mark gegenüber. Auf einige hohe Kundeneinzahlungen folgen zahlreiche kleine Auszahlungen an andere Kunden.
Über vierundzwanzigkommaeins Millionen Mark wurden für oder von fünfzehn Kunden bar oder durch Überweisung mit achtundzwanzig Buchungen eingezahlt. Dagegen stehen Barauszahlungen oder Überweisungen für oder an vierundzwanzig Kunden mit vierundvierzig Buchungen über zusammen fünfkommaeins Millionen Mark. Demnach zahlte Kalf neunzehn Millionen Mark der kundenbezogen eingebuchten Geldbeträge nicht kundenbezogen aus.
Bareinzahlungen von Kalf oder Überweisungen von ihm betragen zusammen sechskommasechs Millionen Mark, Auszahlungen bar an Kalf oder Überweisungen an ihn insgesamt zweiundzwanzigkommaneun Millionen Mark.
An Kalf gingen sechzehnkommadrei Millionen Mark entweder in bar oder durch Überweisung.
Einskommafünf Millionen Mark an unklaren Eingängen stehen sechshundertsiebzigtausend Mark an unklaren Ausgängen gegenüber. Dazu

summieren sich unklare Einzahlungen von über zweikommasieben Millionen Mark, die auf Festgeldkonten eingebucht und ausgebucht wurden.
Vierkommazwei Millionen Mark unklare Einzahlungen landen auf Kalfs Konto. Aktiengeschäfte tätigte Kalf über dieses Konto nicht, aber er bezahlte einen Broker von diesem Konto mit siebenundvierzigtausend Mark.
Schließlich erhielt Kalf durch fünf Überweisungen von der Firma seines Geschäftspartners dreikommafünf Millionen Mark. Kalf überwies durch vier Überweisungen sechskommasieben Millionen an die Firma seines Geschäftspartners und vierhunderteinundzwanzigtausend Mark wurden als Barauszahlung an seinen Geschäftspartner persönlich verbucht. Insgesamt erhielt sein Geschäftspartner siebenkommaeins Millionen Mark.
Vier Monate vor Schließung des Kontos erfolgte die letzte Überweisung an die Firma seines Geschäftspartners. Nach diesem Zeitpunkt wurden von Kalf weder über das Inlandskonto, noch über das Auslandskonto Kundengelder an die Firma seines Geschäftspartners überwiesen.
Von der Summe aller Einzahlungen von achtunddreißigkommasechs Millionen Mark überwies Kalf fünfkommaeins Millionen Mark an genannte Kunden und siebenkommaeins Millionen Mark an die Firma seines Geschäftspartners. Über sechsundzwanzigkommavier Millionen Mark verfügte Kalf nach eigenen Vorstellungen. Das zeigen die Kontounterlagen des Inlandskontos ohne jeden Zweifel.
Zahlen sind nervig, aber die Untersuchung dieser beiden Konten, die Kalf für seine Finanzgeschäfte benutzte und für die nur er Kontovollmacht besaß, liefert die Aussage, die wir suchen. Geld ist irgendwo. Kalf weiß gewiss, wo.
Summiert nennen wir die verfügten Millionenbeträge der beiden genannten Konten mit einer Stelle hinter dem Komma.
Achtundzwanzigkommaacht Millionen Mark Kundeneinzahlungen stehen achtkommaacht Millionen Mark Kundenauszahlungen gegenüber. Zwanzig Millionen Mark Kundeneinzahlungen auf Kalfs Konten stehen irgendwo.
Dreizehnkommaacht Millionen Mark Bareinzahlungen oder Überweisungen ohne Text von Kalf getätigt stehen siebenundzwanzigkommasechs Millionen Mark Barauszahlungen oder Überweisungen ohne Text von Kalf getätigt

gegenüber. Dreizehnkommaacht Millionen Mark an Auszahlungen von Kalf getätigt landen irgendwo.
Achtkommazwei Millionen Mark unklare Einzahlungen plus zwölfkommasechs Millionen Mark Festgelder stehen neun Millionen Mark unklare Auszahlungen gegenüber. Elfkommaacht Millionen Mark unklare Einzahlungen auf Kalfs Konten stehen irgendwo.
Die ausschließlich über das Auslandskonto von Kalf getätigten Aktiengeschäfte saldieren sich zu über fünfundvierzigtausendsechshundert Mark.
Demgegenüber steht eine Überweisung an einen Broker über das Inlandskonto von siebenundvierzigtausend Mark.
Vierkommafünf Millionen Mark verbuchten Kundeneinzahlungen für die Firma seines Geschäftspartners stehen achtkommaeins Millionen Mark Auszahlungen an dessen Firma gegenüber. Dreikommasechs Millionen Mark Überschuss zahlte Kalf an seinen Geschäftspartner.
Lässt man die belegten Kundenbuchungen, die ausgewiesenen Aktiengeschäfte und die belegten Buchungen im Zusammenhang mit der Firma des Geschäftspartners beiseite, so verbleiben unklare Einzahlungen in einer Summe von elfkommaacht Millionen Mark, der die Summe von dreizehnkommasechs Millionen Mark unklare Auszahlungen gegenüberstehen.
Die Untersuchung der Konten beweist erstens, dass Kalf nur einen verschwindend geringen Anteil an Kundeneinzahlungen auf das Konto seines Geschäftspartners überwies. Kalfs Behauptung, dass er alle erhaltenen Gelder weiterleitete, ist eine Lüge. Zweitens erweist sich entgegen Kalfs Behauptung, dass er selbst mit dem Kapital der Kunden jonglierte. Er legte Einzahlungen in Festgeld an und kaufte mit dem Geld der Kunden selbst Aktien und verkaufte wieder. Kalfs Behauptung, dass er selbst keinerlei Geschäfte tätigte, ist eine Lüge. Und schließlich erweist sich drittens, dass Kalf Kundeneinzahlungen und unklare Einzahlung zum Schaden der Geldgeber nicht auftragsgemäß behandelte. Die Verwendung durch Kalf ist ungeklärt. Kalf betrog die Geldgeber um Kapital und Rendite.
Im Zwischenbericht des betriebswirtschaftlichen Gutachtens an den Staatsanwalt wird neben der anlegerbezogenen Zuordnung auf Schwierigkeiten

bei der direkten Zuordnung bei etwaigen Sammelüberweisungen hingewiesen. Weiter heißt es, dass Bareinzahlungen und Barauszahlungen an Hand der vorliegenden Unterlagen nicht weiterverfolgt werden konnten. Privatkonten von Kalf und die Konten der Firma seines Geschäftspartners müssen, so wird vermerkt, auf Gegenbuchungen überprüft werden. Untersuchungen von weiteren Staatsanwaltschaften und von Steuerfahndungen müssen einbezogen werden. Anlegerbezogene Einzelauswertungen mit detaillierter Auswertung der Anlegervernehmungen und eine Erstellung einer Anlegerbuchhaltung sind zur Klärung nötig.

Die vorgenommene betragsmäßige Analyse unterstreicht die Notwendigkeit der genannten Maßnahmen. Statt jedoch weiter zu untersuchen, stellte der Staatsanwalt alle Strafanzeigen gegen Kalf ein mit der Begründung, dass dem beschuldigten Kalf ein Betrug im Zusammenhang mit Kapitalanlagen nicht nachzuweisen ist. Nach staatsanwaltschaftlichen Ermittlungen ergaben sich keine Anhaltspunkte, dass der beschuldigte Kalf andere täuschte und angelegte Gelder für sich vereinnahmte.

Die Anmerkungen der Gutachter bestätigen unsere Ergebnisse. Unsere Recherche beweist, was Kalf zur Last gelegt werden kann: Untreue und Betrug. Der Staatsanwalt gab keinen weiteren Untersuchungsauftrag. Übersteigerter Aufklärungswille kann dem Mann nicht vorgeworfen werden.

XI. Persilschein für Schneeballgeschäfte

In der Anklageschrift gegen Nelke wird Kalf als Zeuge angeführt. Zu Nelke stand Kalf bereits vier Jahre vor dessen Geschäftsübernahme der Firma in Geschäftsbeziehungen. Parallel zur eigenen Geschäftsübernahme veranlasste Nelke die Gründung der neuen Firma durch Kalf. Nicht Nelke, sondern Kalf wurde Direktor dieser Firma. Die bestehende Geschäftstätigkeit konnte nicht vollständig aufgeklärt werden. Kalf verweigerte dazu die Zeugenaussage. Kalf kennt die Gefahr bei einer falschen Zeugenaussage. In Medien wird zitiert, dass er es Leid hatte, von ihm eingesammelte Gelder an Nelke zu übergeben. Kalf wollte demnach das Geschäft selbst machen. Seine Kontounterlagen bestätigen diese Absicht.

Der Sitz der Firma in Liberia, Kalfs Präsidentschaft und dessen alleinige Kontovollmacht wurde den Anlegern nicht mitgeteilt. Kein Anleger wusste, dass Kalf mit drei verschiedenen Firmennamen arbeitete, die jeweils aus drei ähnlich lautenden Buchstabenkombinationen gebildet wurden. Der Firmenname von Nelkes Firma unterschied sich davon deutlich. Kalf verweigerte die Aussage nicht zu den Geschäften seines Partners Nelke. Der Vorwand, dass er nur einsammelte, ist so durchsichtig wie die Ausrede, dass er stets weiterleitete. Seinen Geschäftspartner zu belasten, war nicht Kalfs Problem. Die eigenen Geschäfte mussten unter Verschluss gehalten werden.

Kalf hatte sowohl selbst, als auch als Kopf seiner Gruppe von Anlegern einige Beträge bei Nelkes Firma angelegt. Von Beginn der Geschäftsbeziehung bis zur Konkursanmeldung von Nelkes Firma erfolgten über diesen Zeitraum von sieben Jahren Einzahlungen beziehungsweise Überweisungen durch Kalf an Nelkes Firma in Höhe von fünfkommaacht Millionen Mark, wobei Kalf zur Finanzierung seiner Geschäfte Kredite aufnahm.

Das sind also Kalfs Eigengeldanlagen, fragt meine Freundin.

Richtig, so werden diese Geldanlagen in Kalfs Strafbefehl bezeichnet.

In Nelkes Anklageschrift wird festgestellt, dass diesen Einzahlungen Auszahlungen in Höhe von fünfkommafünf Millionen Mark gegenüber stehen. Kalf fühlte sich nicht von Nelke betrogen, sagte er, weshalb er ihn nicht anzeigte. Konkret verlor Kalf dreihunderttausend Mark bei seinen eigenen Millionenanlagen bei seinem Geschäftspartner. Entgegen später geäußerter Aussagen hielt sich Kalfs persönlicher Verlust definitiv in Grenzen. Kalf holte sich sein Geld von Nelke oder bediente sich am Anlegerkapital. Die Anleger dagegen, die ihr Kapital Kalf anvertrauten in der Erwartung, damit den angepriesenen Profit zu erzielen, hatten, von einigen wenigen abgesehen, kein Glück. Deren Kapital verschwand über Kalfs Konten irgendwohin. Südafrika bietet sich neuerdings verstärkt an.

Nach dem Wortlaut der Anklageschrift bestimmte dagegen Nelke über die Verwendung der Gelder.

Dieser Annahme, und mehr ist es nicht, widersprechen nicht nur Nelkes Zeugenaussage, sondern auch die Fakten des betriebswirtschaftlichen Gutachtens. Nelke sagte aus, dass Kalf ihm mitteilte, wie viel Geld eingesammelt wurde. Wie viel davon tatsächlich bei Nelke ankam, darüber gibt es keine beweiskräftigen Unterlagen. Aber es gibt die Unterlagen der Konten, die Kalf als Sammelkonten eröffnet hatte. Die Buchungsposten der Konten widersprechen jedenfalls der Aussage des Kalf eindeutig. Und nur auf dessen Aussage stützt sich diese Bemerkung, dass tatsächlich Nelke über die Verwendung der Gelder bestimmte. Es wird nämlich nichts darüber ausgesagt, wie viel vom eingesammelten Geld Kalf tatsächlich Nelke zukommen ließ, worüber Nelke logischerweise dann verfügen konnte.

Für die Annahme, dass Kalf die Gelder teilweise als Festgeld anlegte und dann überwiegend Nelke zur Anlage zur Verfügung stellte, gibt es ebenfalls aus den Kontenunterlagen keinerlei Bestätigung. Festgeldbeträge wurden von Kalfs Konten in keinem Fall nachvollziehbar an die Firma seines Geschäftspartners überwiesen. In keiner der vorhandenen Zeugenaussagen werden von Kunden Festgeldanlagen erwähnt. Keiner der Kunden wusste davon, dass Kalf das machte. Und keiner von Kalfs Kunden wusste, dass, wie in der Anklageschrift gesagt wird, Kalf das ihm anvertraute Geld angeblich auf seinen eigenen

Namen einzahlte. Weder Nelkes Sekretärin noch Nelkes Partnerin bestätigen diese Annahmen in ihren jeweiligen Zeugenaussagen. Beweiskräftige Buchungen, die diese Annahme belegen, lassen sich in den untersuchten Konten wieder nicht festzustellen. Kalf leitete die Gelder nicht nachweisbar an Nelkes Firma weiter. Lediglich zwei der bei Kalf genannten Anleger finden sich unter den bei Nelke festgestellten einhunderteinunddreißig Anlegernamen wieder. Es sind das Kalfs größter Gläubiger, der Betriebswirt und dessen Wirtschaftsanwalt. Kalf hatte wie Nelke eigene Kundschaft, die jeweils ohne Einblick und Kenntnis des anderen Geschäftspartners bedient oder betrogen wurde.

Aus den Feststellungen des Staatsanwalts, die wir in der Anklageschrift gegen Nelke lesen, ergeben sich die Fragen an Kalf. Nelke war Kalfs Lehrmeister. Nelke tätigte Rückzahlungen nicht aus erwirtschaftetem Kapital, sondern aus sonstigen Anlagegeldern als Anreiz für weitere Geldanlagen. Kalf arbeitete nach Nelkes Muster. Das zeigen die Kontounterlagen. Die sich daraus von selbst ergebenden Fragen fehlen. Wie viel Geld leitete Kalf weiter, wie viel behielt er selbst, wie viele Rückzahlungen leistete er mit sonstigen Anlagegeldern? Antworten darauf fehlen in den staatsanwaltschaftlichen Akten. Auch nach dem Zwischenbericht des betriebswirtschaftlichen Gutachters.

Der rechtswidrigen Verwendung der angelegten Gelder entsprach Kalfs Geschäftsgebaren. Eingang und Ausgang der Anlagegelder wurden nicht in Unterlagen erfasst. Bar erhaltene Gelder verwendete Kalf nach Gutdünken. Kalf nahm Auszahlungen mit bar erhaltenen Einzahlungen vor. Auch als Zahlungsschwierigkeiten bei Nelke nach außen in Erscheinung traten, nahm Kalf weiter Geld entgegen. Er hielt seine Anleger wie Nelke mit Rückzahlungsbegehren hin. Nachdem Nelke in Untersuchungshaft genommen wurde, schloss Kalf alle Haupt- und Unterkonten mit seiner alleinigen Befugnis erst vier Monate später.

Wie Kalf über Nelkes Aktiengeschäfte Bescheid wusste, ist in Bezug auf Kalfs Betrug nicht erhellend. Jedenfalls überwies Kalf von seinem Geschäftskonto bei der Inlandsbank über dreihunderttausend Mark für sechzigtausend PLC Aktien. Beweiserheblich sind seine eigenen Käufe und Verkäufe. Eindeutige

Kontounterlagen eines vorhandenen Wertpapierkontos und die Überweisung von knapp fünfzigtausend Mark an einen Broker über sein Inlandskonto beweisen zweifelsfrei, dass Kalf ohne Wissen der Kunden mit Kundengeldern entgegen seiner vor Gericht und in den Medien geäußerten Aussagen spekulierte.

Nelkes Sekretärin bestätigt in keiner Aussage Kalfs Behauptung, dass Kalf Bargeld in Nelkes Firma persönlich ablieferte. Dass Kalf das behauptet, ist logisch, da er genau weiß, dass sonstige beweiskräftige Nachweise für seine angeblichen Geldtransporte fehlen. Die Aussagen der Zeugen, die behaupten, für ihn bare Geldtransporte durchgeführt zu haben, kann er schließlich jetzt nicht für sich in Anspruch nehmen, nachdem er diese Praxis an anderer Stelle bestritten hatte. Er gebraucht wieder eine Schutzbehauptung, die er vorschieben kann. Kalf kannte die Gründungsunterlagen, natürlich auch den Passus mit dem Sitz in Liberia. Er sollte darüber ausschließlich Anlagegelder zu Nelkes Firma leiten, was er jedoch nach den vorliegenden Kontounterlagen nicht tat. Kalf hielt sich nicht an diese Geschäftsbedingungen.

Kalf verweigerte bei der Vernehmung weitere Angaben zu den Geschäften über das Liberiakonto. Natürlich hat Kalf die beherrschende Rolle von Nelke auch dem Betriebswirt gegenüber hervorgehoben. Kalf sagte immer und zu jedem, dass er die Gelder ohne Quittung bar weiter gegeben hat. Immerhin stellte Kalf aus gesammelten Kundengeldern zweihundertfünfzigtausend Mark dem Nelke für eine Firma zur Verfügung. Nelke finanzierte mit diesen zweihundertfünfzigtausend Mark seinen Anteil an einer weiteren Firma und Kalf gab das Geld von seinem Geschäftkonto, das eigentlich als Sammelstelle für Anlagegelder bestimmt war. Damit wusste Kalf selbstredend, dass Anlagegelder fremd verwendet wurden. Den Betrag stellte er Nelke bereits zu Beginn seiner Präsidentschaft für die Firma mit Sitz in Liberia zur Investition zur Verfügung. Als Nelke dann ein halbes Jahr vor seiner Inhaftierung gegenüber dem Betriebswirt und dessen Anwalt von Zahlungsschwierigkeiten redete, machte sich Kalf stark und er war dabei, als Nelke vom Betriebswirt noch einmal Millionen kassieren wollte. Trotz erkennbarer Zahlungskrise sammelte Kalf weiter Geld und lieh sich seinerseits drei Millionen Mark von Nelke für

eigene Zwecke. Kalf kann nicht glaubhaft behaupten, nicht gewusst zu haben, dass auch diese drei Millionen Mark aus Kundengeldern stammten angesichts der sich zeigenden Liquiditätsprobleme. Kalf kannte die Vorgänge um den Betriebswirt und den Wirtschaftsanwalt. Damit kannte Kalf nicht nur die Art der Geschäfte, sondern auch das Risiko der weiteren Geldannahme für diese Geschäfte.
Nelkes Sekretärin bestätigte die Auszahlungspraxis für Nelke. Obwohl sie nichts über von Kalf gesammelte Gelder weiß, kann man annehmen, dass Kalf das wie sein Geschäftspartner machte. Kalf erhielt selbst hohe Barbeträge und teilte selbst bar aus. Dazu gibt es Zeugenaussagen. Das betriebswirtschaftliche Gutachten zeigt die Auszahlungspraxis von Kalf. Nach Einzahlungen irgendwelcher Kunden erfolgten Auszahlungen an andere Kunden. Kalf wie Nelke betrieben Schneeballgeschäfte. Daraus ergibt sich die Schädigung der Anleger, die bei Kalf anlegten, durch Kalf. Im Gegensatz zu Nelke prahlte Kalf nach Bekundungen vieler geschädigter Kunden mit seinem Erbe in spe. Unterlagen und sonstige Beweismittel für Vermögen fehlen bei Kalf ebenso wie bei Nelke. Die Bereicherungsabsicht von Kalf ist offensichtlich, auch wenn der Einzelnachweis des Geldflusses von den Kunden über die beiden beschrieben Geschäftskonten in Kalfs Tasche oder zurück zu irgendwelchen Anlegern oder auf bis jetzt nicht bekannte Konten Kalfs oder sonstiger Platzhalter nicht möglich ist, wenn Beteiligte nicht den Mund aufmachen.
Gegen alle Behauptungen Kalfs von seiner Unwissenheit spricht insgesamt die Tatsache, dass Kalf weiter agitierte und sammelte, als Nelke schon in Untersuchungshaft saß. Demnach betrieb Kalf auch ohne Nelke entgegen seiner Aussage die Geschäfte in eigener Regie. Naives Glauben an wörtliche Bekundungen eines Beschuldigten ohne tragfähige Beweismittel lassen zumindest am Aufklärungswillen eines Staatsanwalts zweifeln. Die schwierige Beweislage oder ökonomische Einwände rechtfertigen nicht das Unterlassen weiterer Untersuchungen.
Wie Kalfs Geschäftsgebaren bestätigen die wenigen vorhandenen Zeugenaussagen die rechtswidrige Verwendung der angelegten Gelder. Hinweise und Widersprüchlichkeiten ergeben sich aus den Zeugenaussagen

vor Kalfs Strafbefehl, nach Kalfs Betrugsanzeige gegen eine genannte Person, nach neuen Strafanzeigen gegen Kalf, nach dem Vorliegen des betriebswirtschaftlichen Gutachtens und nach der Anklageschrift gegen Kalfs Geschäftspartner.

Unter diesen Gesichtspunkten untersuchen wir vorliegende Zeugenaussagen. Die tatnächsten Zeugenaussagen lesen wir aus den Vernehmungsprotokollen vor Kalfs Strafbefehl. Die Aussagen zeigen Kalfs Geschäfte.

Parallel laufen zu dieser Zeit Ermittlungen durch den Staatsanwalt und Beweiserhebungen vor Zivilgerichten. Kalf ist da wie dort Beschuldigter, Kläger, Zeuge. Zur Übersicht bezeichnen wir Zeugen mit einer gleich bleibenden Nummer.

Zeugin Nummer eins bestreitet, dass sie über Kalf einen Betrag von einskommasechs Millionen Mark als Kapitalanlage zeichnete. Richtig ist vielmehr, dass sie Kalf eine Summe über eine Million Mark als sogenanntes Privatdarlehen zur Verfügung stellte. Kalf sagte, dass er hohe Schulden hat. Nelke kennt sie nur dem Namen nach. Dessen Firma ist ihr ein Begriff. Sie legte zweihundertachtzigtausend Mark in kanadischen Pfennigaktien an. Auf diese Kapitalanlage machte sie Kalf aufmerksam, der das Geld für sie ihrer Meinung nach bei Nelke in Aktien anlegte. Selbst ist sie wegen der Kapitalanlage mit der Firma von Nelke nie in Verbindung getreten. Ob Kalf das Geld bar weitergab oder per Schecküberweisung weiterleitete, weiß sie nicht. Als sie ihr Geld wieder haben wollte, gab ihr Kalf zwei Schecks über die Summe plus sechstausend Mark Gewinn. Über diese Privatschecks war sie überrascht. Nachgefragt, sagte Kalf, dass er Probleme mit Nelke hat. Ein Vierteljahr später erfuhr sie von Kalf, dass Nelke eingesperrt worden ist und deshalb Probleme mit der Firma bestehen. Kalf tat ihr leid, weil er selbst Geld in dieser Firma angelegt hatte. Sonst war es ihr egal, weil sie ihr Geld zurück hatte.

Ob das Geld direkt von Kalf stammte oder von möglichen Dritten, weiß sie nicht. Sie erhielt jedenfalls zwei Barschecks, die auf ein Konto von Kalf gezogen waren.

Von den vier genannten Firmen ist ihr nur die Firma des Geschäftsfreunds bekannt.
Auf eine handschriftliche Aufstellung ihrer gesamten Anlagebeträge angesprochen, weiß sie keine Erklärung. Diese Auflistung stammt wahrscheinlich von Kalf. Die Unterschrift stammt auf alle Fälle von ihr. Es ist von einem Gesamteinsatz von einskommasechs Millionen Mark die Rede. Dieser Betrag setzt sich zusammen aus zweihundertachtzigtausend Mark Kapitalanlage plus einer Million Mark Privatdarlehen plus dreihundertzwanzigtausend Mark Privatdarlehen. Den letzten Betrag hat sie bereits ein halbes Jahr vor der Million Kalf als Privatdarlehen gegeben, weil er schon da von finanziellen Schwierigkeiten erzählte. Davon zahlte ihr Kalf nach einem viertel Jahr fünfzigtausend Mark in bar zurück. Die restliche Darlehenssumme ist nach wie vor offen. Die Zeugin verweist ausdrücklich darauf, dass nur zweihundertachtzigtausend Mark angelegt werden sollten, nicht einskommasechs Millionen Mark. Im folgenden Strafbefehl werden als Anlagesumme aber trotz der vorausgegangenen und Kalfs Angabe stark widersprechenden Aussage der Zeugin einskommasechs Millionen Mark genannt.
Die handschriftliche Aufstellung erstellte Kalf, um die von der Zeugin erhaltenen Gelder insgesamt als Anlagesumme zu deklarieren, die er erhalten und angeblich weitergegeben hat. Dass das nicht den Tatsachen und dem Willen der Zeugin entsprach, wusste der Staatsanwalt aus der Aussage der Zeugin. Kalfs Absicht wird klar. Er wollte damit den Erhalt von zuerst dreihundertzwanzigtausend Mark und dann von einer Million Mark als Privatdarlehen zur Abdeckung eigener hoher Schulden vertuschen und gleichzeitig die Weitergabe an seinen Geschäftspartner vortäuschen, die aus keinen Kontounterlagen ersichtlich ist. Nach den vier Jahre später vorliegenden Kontounterlagen ist dieser Betrag weder auf dem Inlandskonto noch auf dem Auslandskonto verbucht. Trotzdem zahlte Kalf ungefähr ein halbes Jahr nach dem von der Zeugin genannten Datum der Hingabe der Anlagesumme von zweihundertachtzigtausend Mark mit einer Überweisung an die Kundin zwölftausendachthundert Mark vom Konto der Auslandsbank aus und ein Jahr

später zahlte er einhundertneunundvierzigtausend Mark auf das Auslandskonto ein. Kalf überwies demnach ein Jahr vor der ersten verbuchten Einzahlung einen kleinen Betrag an die Zeugin. Während der gesamten Laufzeit des Auslandskontos gibt es keine weiteren Verbuchungen für diese Anlegerin. Weiter kam es für diese Anlagenkundin zu keinen Einzahlungen oder Auszahlungen, weder über das zweite Geschäftskonto von Kalf noch bei der Firma des Geschäftspartners Nelke.

Die Tatsache, dass Kalf die einzige von der Zeugin getätigte Anlage über zweihundertachtzigtausend Mark durch zwei Barschecks zurückzahlte, zeigt Kalfs Zahlungspraxis. Zusätzlich zahlte Kalf vom Auslandskonto an die Zeugin aus. Eine vorherige Einzahlung irgendwo ist nicht nachgewiesen. Genauso zahlte Kalf ein Jahr später auf den Namen dieser Kunden ein, ohne dass die Kundin nach Aktenlage davon weiß. Das Anlagekapital erhielt Kalf über ein Jahr vor der genannten Einzahlung. Was Kalf ein Jahr lang mit dem Geld der Anlegerin trieb, kam nicht zur Sprache. Kalf verfuhr mit dem Kapital der Anlegerin bewusst vertragswidrig und willkürlich nach seinen Vorstellungen und zu seinem finanziellen Eigennutz.

Die Hingabe von einer Million Mark erfolgte laut Zeugenaussage erst ein Jahr nach der vorgeblichen Anlage.

Vierzehn Tage nach der Vernehmung dieser Zeugin wird Kalf als Beschuldigter vernommen.

Er erklärt, dass er die unberechtigt einbehaltenen Gelder der Anleger in der Größenordnung von ungefähr zweihundertfünfzigtausend bis dreihunderttausend Mark beziffern möchte. Hätte der Staatsanwalt schon zu diesem Zeitpunkt und nicht erst vier Jahre später nach erneuten Strafanzeigen gegen Kalf die genannten Konten überprüft, deren Existenz ihm nach der Aussage zweier anderer Geschädigter bereits bekannt war, dann wären Kalfs Betrugsgeschäfte im vollen Umfang offenkundig geworden und nicht nur die laut Strafbefehl vertragswidrig einbehaltenen Provisionen und Spesen. Das Interesse des Staatsanwalts galt aber nicht Kalfs Betrug, sondern dessen Eigengeldanlagen bei der Firma seines Geschäftspartners und den daraus erlangten Gewinnen und der daraus resultierenden Steuerhinterziehung. Die

Datumsangaben mit den jeweiligen Beträgen von Kalfs Eigengeldanlagen liegen alle wenigstens zwei Jahre vor der ersten Geldhingabe der oben genannten Zeugin an Kalf. Der Staatsanwalt redete also nicht über Kalfs Anlagebetrugsgeschäft.

Kalf wurde mit Strafbefehl, das heißt ohne Prozess und weitere Beweiserhebung, wegen Untreue und Steuerhinterziehung rechtskräftig zu einer Geldstrafe und vier Jahren Bewährung verurteilt. Kalfs eigene betrügerische Geldsammelgeschäfte blieben ungeklärt im Aktenstoß des Staatsanwalts.

Zur rechten Zeit drehte Kalf den Spieß um und beschuldigte seinerseits eine genannte Person, ihn bei einem Geschäft um Millionen betrogen zu haben.

Im folgenden Ermittlungsverfahren gegen die genannte Person sagt Zeugin Nummer zwei aus, dass Kalf von dem einen oder anderen Anleger Beträge in Millionenhöhe erhalten hat. Bei der vorangegangenen Überprüfung durch die Steuerfahndung waren diese erheblichen Geldflüsse festgestellt worden.

Weitere Nachfragen zu Anlegern oder Geldflüssen wurden nicht gestellt.

Zeugin Nummer eins, wird kurz nach Kalfs Verurteilung erneut, jetzt wegen Kalfs Strafanzeige gegen die genannte Person, vernommen.

In dieser zweiten Vernehmung ein halbes Jahr später bestätigt sie ihre erste Aussage. Kalf behauptete in seiner Anzeige unter anderem, die eine Million Mark, die er von der Zeugin als Privatdarlehen erhalten hatte, dieser genannten Person für ein Geschäft übergeben zu haben, was die Beschuldigte bestritt.

Sie kennt die genannte Person nicht, sagt die Zeugin aus und wiederholt damit ihre erste Zeugenaussage.

Kalf kam zu ihr. Er war in großer finanzieller Not und fragte sie, ob sie ihm Geld leihen kann. Er bat mich um ein Darlehen in Höhe von einer Million Mark. Über die Verwendung des Darlehens äußerte er sich nicht. Sie half ihm aus Freundschaft. Das Darlehen sollte ihm aus der persönlichen finanziellen Klemme helfen. Im Vertrag waren die Konditionen genannt. Genau kann sie das jedoch nicht mehr sagen, da sie den Vertrag nicht mehr findet. Ihr Bruder war dabei. Auf keinen Fall war von einer Anlage des Geldes bei der genannten Person die Rede, nur von seiner finanziellen Not. Mehr war ihr damals nicht

bekannt. Von dem Darlehen hat sie bis jetzt weder das Kapital noch den Zins zurückbekommen. Auf Nachfrage verneint sie weitere Geschäftsverbindungen zu Kalf. Nach eigener Aussage hat sie ihr Anlagekapital plus sechstausend Mark Gewinn von Kalf zurückbekommen. Woher Kalf das Geld nahm, kann sie nicht aufklären, da Kalf, wie schon gesagt, mit Barschecks zurückzahlte.
Zeugin Nummer eins reichte den Darlehensvertrag tags darauf nach. Das Papier hatte sich jetzt gefunden. Unter dem Stichwort ‚Verwendungszweck' steht Kalfs Name. Von einem Geschäft oder einer anderen Person ist nicht die Rede.

Kalf präsentierte dem Staatsanwalt zwei Versionen. Zuerst verkaufte er die einskommasechs Millionen Mark insgesamt als Anlagekapital, was schon nicht der Wahrheit entsprach und dann eine Million davon für ein Geschäft mit der genannten Person, die er jetzt wegen Betrugs anzeigte. Den Staatsanwalt störten die Widersprüche nicht nachvollziehbar. Wofür Kalf die offenen dreihundertzwanzigtausend Mark Privatdarlehen verwendete, die er selbstredend zum Anlagekapital rechnete, wurde nicht mehr nachgefragt, auch nicht, wieso er mit Barschecks zurückzahlte.

Nach den beiden Zeugenaussagen der Zeugin Nummer eins hat Kalf alle übergebenen Geldbeträge irgendwie, jedenfalls nicht absprachegemäß oder vertragsgemäß nach Maßgabe der Geldgeberin, verwendet. Tatsache ist weiter, dass Kalf einskommadreihundertzwanzig Millionen Mark bar auf der Hand hatte.

Das Interesse des Staatsanwalts galt ab jetzt verstärkt Kalfs Anzeige gegen die genannte Person. Ab jetzt war Kalf der Geschädigte, vor dem Staatsanwalt und in den Medien. Nach seinem Geschäftspartner hatte Kalf eine zweite schuldige Person präsentiert, bei der der Verbleib seiner vielen gesammelten Millionen durch die Justiz erklärt werden soll.

Die Strafanzeige gegen die Beschuldigte brachte für Kalf nicht den gewünschten schnellen Erfolg. Sein Rechtsanwalt teilte dem Staatsanwalt mit, dass eine Zeugin nicht mehr aussagen will und reichte Schadenersatzklage gegen die genannte Person vor einem Zivilgericht ein. Kalf hätte jetzt seine eigene Lachnummer vorführen können, konnte er doch als Kläger seine selbst gewählte Rolle als dummes Opfer zum Besten gegeben, was er allenthalben medial kolportieren ließ. Aber nicht Kalf erschien als Kläger. Kalf sollte Zeuge sein. Deshalb trat Kalf seine behaupteten Forderungen an eine Person ab, die jetzt für ihn als Klägerin gegen die Beschuldigte vor Gericht zog. Diese Möglichkeit bietet das Gesetz. Kalfs Rechtsanwalt griff in die Trickkiste. Der Mann kannte die schwache Beweislage und hievte Kalf in die Zeugenposition. Dass die jetzt für Kalf klagende Person zu Kalfs Gläubigern zählte, konnte in Kalfs Strafbefehl nachgelesen werden. Gut zweieinhalb Jahre später konnte auch gelesen werden, dass die Klägerin aus Abtretung das bei Kalf eingesetzte Kapital in voller Höhe längst zurückerhalten hatte und noch mehr. Wir werden sehen, wie sich das Zivilgericht zu dieser Frage verhielt. Die Klägerin aus Abtretung ist im Übrigen die Zeugin, die vor dem Staatsanwalt nicht mehr aussagen wollte.

Im Verfahren unserer Anlegerin wegen Vereitelung der Zwangsvollstreckung ist Kalf weiter Beschuldigter. Dazu sagt Kalf wieder ein halbes Jahr später aus, dass Abtretungen und Übereignungen an zwei genannte Familienmitglieder zur Absicherung der Ansprüche ihm gegenüber dienten, da die Genannten ihm erhebliche Geldbeträge zur Kapitalanlage bei seinem Geschäftspartner gegeben hatten. Bestimmte Personen wollten eine Absicherung ihrer Ansprüche haben und sind an ihn herangetreten. Er hat in keiner Weise versucht, irgendeinen der Gläubiger zu bevorzugen.

Zwei Jahre später sagt Zeugin Nummer zwei erneut vor dem Zivilgericht aus, vor dem Kalf die genannte Person auf Rückgabe der angeblich übergebenen Darlehensbeträge verklagt hatte. Sie sagt, dass Kalf schon ein Jahr vor der Inhaftierung seines Geschäftspartners in einer finanziell sehr angespannten Situation war. Deshalb wollte er das Geschäft mit der genannten Person machen. Dazu brauchte er weitere Millionen. Die Frage, ob sie selbst auch bei Kalf angelegt hat, will sie nicht beantworten, weil das ihres Erachtens mit der Sache nichts zu tun hat. Die Richter sind derselben Meinung und lassen die Frage als nicht zur Sache gehörig nicht zu.

Damit verpassten die Richter die Chance, Licht in Kalfs Betrugsgeschäfte zu bringen, die die Ursache sind für alles, was nachfolgte.

Ein Ende der staatsanwaltschaftlichen Ermittlungen war nicht abzusehen. Von Kalfs vierjähriger Bewährungsstrafe waren zwei Jahre verstrichen. Einige von Kalfs Gläubigern versuchten nach wie vor, Betrug und Schadenersatz entsprechend strafrechtlich und ziviljuristisch gegen Kalf einzuklagen. Die Anklage gegen seinen Geschäftspartner war noch nicht erhoben. Der Zivilprozess gegen die von Kalf beschuldigte Person zog sich seit zwei Jahren. Über Kalfs Konten wurde noch nicht geredet.

Zeugin Nummer eins sagt zum dritten Mal aus. Ihre Vernehmung fand zwei Jahre nach der zweiten Vernehmung statt.

Wieder sagt sie, dass die eine Million Mark Kalf in bar als Darlehen übergeben wurde. Die Zeugin wiederholte Kalfs Erzählung von großen finanziellen Schwierigkeiten wie gehabt. Im Gegensatz zu den beiden ersten Zeugenaussagen wusste die Zeugin jetzt plötzlich viel mehr. Aus diesen Schwierigkeiten kann Kalf sich mit Hilfe der genannten Person befreien, wofür er das Darlehen benötigt, um an weitere Millionenbeträge zu gelangen. Das wusste die Zeugin jetzt auf einmal zu berichten. In den beiden zuerst gemachten Zeugenaussagen hatte die Zeugin von Millionenbeträgen mit Hilfe der genannten Person noch keine Ahnung. Sie hatte ausdrücklich bestritten, dass davon überhaupt die Rede gewesen ist. Offensichtlich wurde die Zeugin nachträglich von Kalf unterrichtet.

Alles was Kalf sagt oder sagen lässt, ist widersprüchlich. Dennoch stellt der Staatsanwalt die strafrechtlichen Ermittlungen gegen Kalf wieder ein, die auf Grund von erneuten Strafanzeigen einiger Geschädigter gegen Kalf durchgeführt worden waren.

Kalf war beschuldigt worden, Gelder von Kapitalanlegern entgegengenommen zu haben, um diese mit hohen Renditen anzulegen, wobei es zu keinem oder nur geringen Geldrückflüssen gekommen sei, so dass der Verdacht bestand, dass der Beschuldigte entgegen seinen Behauptungen wusste oder wissen konnte, dass es sich um keine solide Geldanlage handelte. Die Vorgänge im Zusammenhang mit der Tätigkeit des Beschuldigten für die Firma seines anderweitig beschuldigten Geschäftspartners waren Gegenstand der Ermittlungen im genannten Verfahren, das zu einer rechtskräftigen Verurteilung des Beschuldigten wegen Untreue führte. Dabei wurden die Kapitalanlagen der genannten Geschädigten bereits abgeurteilt, so dass ein Verfahrenshindernis besteht. Im Hinblick auf die im Gesamtkomplex bereits erfolgte Verurteilung war das Verfahren einzustellen, da die zu erwartende Strafe bei der bereits verhängten Strafe nicht mehr ins Gewicht fällt. Den Anlegern war bekannt, dass Kalf die Gelder zur Anlage weiterleitete. Der Nachweis, dass er davon wusste, dass sein Geschäftspartner die Gelder nicht vertragsgemäß zur Erwirtschaftung von Renditen verwendete, konnte nicht erbracht werden.

Kein Name der in dieser Einstellungsbegründung genannten Geschädigten befindet sich in der Liste der einhunderteinunddreißig aufgezählten Geschädigten aus der Anklageschrift gegen Nelke. In der Einstellungsbegründung des Staatsanwalts zeigt sich, dass der Mann den Knackpunkt in Kalfs Anlagebetrugsgeschäften völlig verkennt. Was veranlasst den Staatsanwalt, Kalfs Betrug nur als Teil von Nelkes Betrug zu betrachten? Kalfs Ausweichmanöver ist eigentlich leicht zu durchschauen. Es geht nicht um Kalfs Beteiligung an Nelkes Betrugsgeschäften. Was Kalf an gesammelten Geldern an Nelke weiterleitete und was der damit anstellte, ist unbewiesen und deshalb letztlich nicht erheblich. Der Staatsanwalt argumentiert außerdem mit Annahmen, wenn er sagt, dass Kalfs Weiterleitung zu Nelke den Anlegern bekannt war. Kein Anleger wusste anfangs zum Zeitpunkt der Kapitalhingabe etwas über Nelke. Mit fadenscheinigen Ausreden oder Vertröstungen vermied Kalf durchgehend jede schriftliche Information der Anleger über seinen angeblichen Geschäftspartner und dessen Firma. Dieses Verhalten weist schon daraufhin, dass Kalf über nicht vertragsgemäße Vorgänge in Nelkes Geschäften seinerseits von Anfang an Bescheid wusste. Dass Kalf trotzdem bereitwillig Nelkes Geschäfte als eigene Geschäfte weiter betrieb, ist ausschlaggebend. Maßgeblich ist Kalfs eigener Betrug. Im Bezug zu Nelke erhält Kalf einen billigen Persilschein für seine eigenen betrügerischen Geschäfte. Unbestritten ist, dass Kalf Millionenbeträge sammelte. Mit Privatdarlehen konnte Kalf den Geldfluß auch am Laufen halten, wenn Anlagekapital ausblieb.

Niemand interessierte sich dafür, ob die strafrechtlichen Betrugsermittlungen wegen erwiesener Unschuld oder aus Mangel an Beweisen eingestellt wurden. Kalf konnte allenthalben, lautstark erleichtert natürlich, verkünden lassen, dass alle Verfahren gegen ihn eingestellt wurden.

XII. Vergissmeinnicht

Mit Hilfe von weiteren Zeugenvernehmungen soll vor einem Zivilgericht entschieden werden, ob die beschuldigte Person von Kalf Millionen für das nicht zustande gekommene Geschäft erhalten hat. Sie bestreitet das und zeigt Kalf ihrerseits unter anderem wegen einer falschen eidesstattlichen Versicherung an. Ein Zusammenhang dieses Zivilgerichtsverfahrens mit Kalfs betrügerischen Anlagegeschäften wird vor Gericht grundsätzlich nicht hergestellt. Doch schon die nächste Vernehmung macht sichtbar, dass es eine Verkennung der Tatsachen darstellt, die beiden Tatkomplexe voneinander isoliert zu behandeln, auch wenn das juristisch geboten ist.

Zur Vorgeschichte ist zum wiederholten Mal zu sagen, dass Kalf Geld brauchte. So ist es vielfach nachzulesen und interessanterweise fragte niemand, wie er in diese millionenfache Not geraten war, wenn er vom Geld der Anleger nichts für sich behielt und keine eigenen Geschäfte machte. Tatsache ist, dass Kalf nicht einmal Geld nahm oder zweimal. Kalf sammelte über mehrere Jahre hinweg. Juristisch gesehen, musste Kalf die Wahrheit nicht sagen. Er musste sich nicht selbst belasten. Ein moralisches Schuldeingeständnis überforderte Kalf. Persönliche Schicksale ließen Kalf gewissenlos kalt. Faktisch aber zeigen Kalfs Konten seine skrupellosen Sammelgeschäfte. Kalf betrieb Schneeballgeschäfte mit dem ihm anvertrauten Anlagekapital und diejenigen, die bis jetzt leer ausgegangen waren, bedrängten Kalf massiv und forderten ihr Geld zurück.

Die beschuldigte Person erzählte Kalf in dieser Situation von einem Geschäft. Es winkten Millionen. Ein Banker vermittelte Kalf als potenten Geldgeber. Kalf war sofort bereit, Schmiergeld zu beschaffen, um an die erzählten Millionen zu kommen. Er kannte die Leute, die Millionen geben werden. Kalf holte fünfmal Millionenbeträge für dieses Geschäft, obwohl es nach keinem der angeblichen Millionenübergaben funktionierte.

Kalf behauptet jetzt durch seine Klägerin aus Abtretung, von der genannten Person betrogen worden zu sein. Er sagt, dass er ihr die Millionen in fünf

Beträgen auf drei Jahre verteilt übergeben hat, wie bei ihm üblich bar und ohne Quittung vertrauensvoll. Es geht um achtkommaneun Millionen Mark. Unbestritten steht fest, dass Kalf diese Millionen in die Hände bekam. Die Übergabe an die genannte Person ist strittig. Als Indiz gibt es lediglich einen im beträchtlichen Zeitabstand von zwei Jahren nachträglich verfassten Beleg und fragwürdige Quittungen, die sowohl die Beschuldigte und als auch Kalf als Empfänger und Überbringer ausweisen. Zeugen für die behauptete Übergabe an die Beschuldigte gibt es nicht.
Die Personen, die Kalf die Millionen gaben, sagen aus. Es soll geklärt werden, ob Kalf den Leuten vor der Geldübergabe erzählte, wofür er die Millionen verwenden wird.
Nelke wird dazu persönlich vom Staatsanwalt in einem Bezirkskrankenhaus vernommen. Das Protokoll der staatsanwaltschaftlichen Vernehmung ist Teil der Beweiserhebung vor dem Zivilgericht.
Kalfs Geschäftspartner sagt aus, dass er die beschuldigte Person nicht kennt, auch nicht aus Erzählungen anderer Leute. Er gab Kalf Geld für ein Geschäft, das Kalf entgegen der Abmachung nicht zurückzahlte.
Kalfs größter Gläubiger erklärt in einer schriftlichen Aussage, dass Kalf ihm von der Existenz einer oder mehreren Quellen, wie Kalf das nannte, erzählte, durch die die bei den Anlagen über seinen Geschäftspartner erlittenen Verluste wieder hereingeholt werden können. Kalf sagte, dass er dafür weitere Millionen braucht. Der Zeuge gab Kalf dafür zweikommazwei Millionen Mark in bar ohne Quittung, um ihm aus seinen wirtschaftlichen Schwierigkeiten zu helfen. In seiner Zeugenaussage vor Gericht ein halbes Jahr später erklärt der Zeuge, dass Kalf nachträglich bei einem Telefonat behauptete, dass er das Geld der genannten Frau für ein Geschäft gegeben hat. Das hat ihn überrascht, weil er davon ausgegangen ist, dass Kalf mit diesem Geld seine Schwierigkeiten mit anderen Gläubigern ausgleicht. Er wollte ihm helfen. Kalf sagte nicht, wie groß seine finanziellen Schwierigkeiten waren. Es war die Rede von Befriedigung von Gläubigern im Landkreis. Kalf nannte Namen von Gläubigern. Er erinnert sich an den Namen der Frau, die hier den Prozess für Kalf führt, an den Namen

einer Frau, die als Zeugin in diesem Prozess für Kalf aussagt und an einen Namen einer in den Medien bekannten Person.
Im Verlauf des Zivilprozesses werden wieder neue Strafanzeigen gegen Kalf eingereicht.
Dieser zweite Zeuge beschuldigt Kalf jetzt, ihn nicht nur um Kapital betrogen zu haben. Kalf erschlich sich auch durch die Abgabe einer falschen eidesstattlichen Versicherung weitere Millionen, die er anders, als gesagt, verwendete. Eine neu aufgetauchte Geschädigte beschuldigt Kalf, sie um fünfhunderttausend Mark betrogen zu haben. Auf einem Blatt Papier hatte Kalf handschriftlich die Geldübergabe zur Anlage mit seiner Unterschrift quittiert. Der Anlagebetrag taucht weder in Kalfs Strafbefehl, noch in Kalfs Konten, noch in Nelkes Anklageschrift auf.
Nach einem halben Jahr wird Kalf dazu vom Staatsanwalt vernommen. Stereotyp wiederholt Kalf seine Version. Das von Anlegern übergebene Geld war nicht für ihn, sondern es wurde von ihm an seinen Geschäftspartner weitergeleitet, damit dieser Kapitalanlagegeschäfte macht. Alle wussten das. Die besagte Forderung wurde höchstens mit zehntausend Mark beglichen. Als die Anlegerin ihr Geld zurück haben wollte, konnte er nicht bezahlen.
Er bestreitet, von einem weiteren Anleger, der jetzt Anzeige erstattet, Geld zur Weitergabe weder in bar noch auf ein Konto erhalten zu haben. Er sagt, das ist ja Wahnsinn, er hat kein Geld weder auf ein von ihm gehaltenes Konto noch über den Umweg auf ein Auslandskonto seiner Firma erhalten.
Nach den Kontounterlagen wurde das Kapital des Anlegers auf das Konto der Auslandsbank überwiesen, dann auf einem Festgeldkonto angelegt und nach einer bestimmten Zeitspanne an das Eingangskonto zurückgebucht, wo das gesamte Kapital bis zur Schließung des Kontos durch Kalf verbucht war. Was Kalf mit dem Kapital des Anlegers machte, wurde nicht geklärt.
Kalf bestätigt zur nächsten Strafanzeige, Geld aus einem Darlehen bar erhalten zu haben, das eine Anlegerin bei der Bank aufgenommen hatte, bei der Kalf selbst Kunde war. Der Bankdirektor der Bank füllte eigenhändig das Formular für die nötige Selbstauskunft zur Gewährung des Darlehens aus. Das Geld hat er an seinen Geschäftspartner zur Anlage weitergereicht. An frühere Anlagen

der Frau kann er sich nicht erinnern, auch nicht daran, ob die Frau Renditen erhalten hat.

Im Zivilprozess bestätigt die dritte Geldgeberin schriftlich, dass Kalf das Geld für das Geschäft mit der Beschuldigten brauchte. In ihren vorausgegangen Aussagen hatte die Zeugin davon noch nichts gewusst.

Auch der vierte Geldgeber bestätigt in seiner schriftlichen Zeugenaussage Kalfs Behauptung. Der Mann ist ein Geschäftspartner von Kalf.

Eine Zeugin, die für das Geschäft mit der Beschuldigten keine Millionen gab, sagt aus. Kalf sagte ihr, dass er selbst bis jetzt mit seiner Anlage gute Renditen erzielt und keinen Verlust erlitten hat. Zuerst legte Kalf für sie an und unterschrieb Kaufaufträge eigenhändig. Dann unterschrieb sie selbst Kaufaufträge für Pennystocks. Sie wusste nicht, dass Kalf Präsident und Bevollmächtigter der Firma und des Auslandskontos war, die im Briefkopf der Kaufaufträge genannt wurden. Kalfs Geschäftspartner hat sie nicht kennen gelernt. Die Zeugin beziffert ihren Gesamtverlust auf über einskommaeins Millionen Mark.

Weil sie mit Kalf befreundet war, bot Kalf ihr von sich aus an, zur Sicherung der Ansprüche die Wohnungseinrichtung seiner Wohnung in Form einer Sicherungsübereignung auf sie zu übertragen. Kalf kam auf sie zu. Sie hatte die Sicherung nicht verlangt. Die Vorlage des Textes stammt vom Rechtsanwalt. Dann wurde sie von Kalf gedrängt, die Ansprüche aus der Sicherungsübereignung an das Finanzamt abzutreten, das Forderungen gegen Kalf geltend machte. Aus Freundschaft war sie auch damit einverstanden. Von diesem Zeitpunkt an wusste sie, dass von Kalf kein Geld bezüglich der Kapitalanlagen zu erwarten war.

Was die Beschuldigte betrifft, ist sie sich sicher, dass Kalf ihr die Millionen gegeben hat. Sie war dabei, als der Beleg über die achtkommaneun Millionen Mark verfasst wurde.

Die Zeugin widerspricht der Aussage von Kalf, dass er zur Sicherungsübereignung veranlasst wurde. Das Gegenteil ist der Fall, sagt sie. Offensichtlich wollte Kalf sichern, was bei ihm zwangsvollstreckbar war. Sein Rechtsanwalt half. Die Gläubiger, die Kalf wegen Vereitelung der

Zwangsvollstreckung angezeigt hatten, kannten diese Aussage der Zeugin nicht.
Die Zeugin wurde auch vom Staatsanwalt an Hand der sichergestellten Anlageunterlagen wegen der Betrugsvorwürfe gegen Kalf vernommen. Von ihrer Aussage war keine Aufklärung zu erwarten, da sie mit Kalf nach eigener Aussage noch immer befreundet ist. Deshalb betonte sie, dass sie die Sicherungsübereignung von Kalf nicht gefordert hatte. Das betriebswirtschaftliche Gutachten über Kalfs Konten lag zu diesem Zeitpunkt noch nicht vor.
Nach der späteren Überprüfung der vorliegenden Kaufaufträge der Zeugin mit Kalfs Kontounterlagen steht fest, dass die Einbuchungen der Geldbeträge auf das Auslandskonto von Kalf weder betragsmäßig noch zeitlich mit den Kaufaufträgen jeweils übereinstimmen. Alle acht Kaufaufträge wurden an Kalfs Auslandsfirma unter zwei verschiedenen Firmennamen erteilt. Einbuchungen von über einer Million Mark steht eine einzige Ausbuchung von hunderttausend Mark gegenüber. Für Kalfs Geschäftskonto im Inland existieren keine Kaufaufträge. Auf diesem Konto wurden trotzdem Einzahlungen von einhundertneunzigtausend Mark und Auszahlungen von über einhundertsechzigtausend Mark getätigt.
Insgesamt existieren Kaufaufträge im Wert von knapp einskommazwei Millionen Mark. Auf Kalfs Konten wurden über einskommazwei Millionen Mark eingezahlt. Insoweit stimmen Kaufaufträge und Einzahlungen summenmäßig ungefähr überein. Nachvollziehbar ausgezahlt wurden insgesamt lediglich nur wenig über zweihundertsechzigtausend Mark. Auf Kalfs Konten verblieb ein Plus aus diesen Kundeneinzahlungen von über neunhundertfünfzigtausend Mark.
Der Behauptung Kalfs, dass er erhaltene Kundengelder stets weiterleitete, widerspricht dieses Kundenkonto eindeutig. Im Fall der zahlenmäßigen Kundenbuchungen ist festzustellen, dass die letzte Überweisung an die Firma seines Geschäftspartners vom Auslandskonto bereits knapp zwei Jahre vor der ersten Einzahlung der genannten Kundin auf dieses Konto stattfand. Eine zeitgleiche Weiterleitung der auf das Inlandskonto eingezahlten Kundengelder

an die Firma seines Geschäftsfreundes konnte ebenso nicht festgestellt werden. Das Inlandskonto bestand nur eineinhalb Jahre, das heißt, dass Kalf die folgenden eineinhalb Jahre Kundengelder auf seine Firmen bezogen nur noch über sein Auslandskonto buchte. Auffallend ist, dass Kalf und nicht die Kundin die ersten beiden Kaufaufträge unterzeichnete. Der Präsident Kalf unterzeichnete demnach selbst Kaufaufträge an die eigene Firma.

Danach gefragt, sagt Kalf aus, dass er die besagten Kaufaufträge nicht kennt und nichts damit zu tun hat. Übersah der Staatsanwalt diejenigen aufgefundenen Kaufverträge, die Kalf eigenhändig unterzeichnete? Kalfs Aussage widerspricht zusätzlich die Kopie eines Briefkuverts, das den Kundenaufträgen beigelegt ist. Der Absender auf dem Briefkuvert nennt die Firma seines Geschäftsfreundes. Adressiert ist der postalisch abgestempelte Brief an Kalf persönlich. Sowohl Kalfs Unterschriften als auch das Briefkuvert beweisen ohne jeden Zweifel, dass Kalf lügt.

Vor Kalfs Strafbefehl hatte die Zeugin verheimlicht, zu Kalfs Anlegern zu gehören.

Die Zeugin erscheint weder in Kalfs Strafbefehl noch in Nelkes Anklageschrift. Vor dem Zivilgericht wurde sie nicht danach gefragt. Nach den Zahlen der untersuchten Konten schuldet Kalf der Zeugin über neunhundertfünfzigtausend Mark. Aus dieser Verschuldung heraus konnte Kalf sachlich richtig diese Anlegerin wertmäßig mit seinem Hausrat absichern, obwohl sie das nicht verlangte und in der Folge ihre Absicherung wieder auf Kalfs Geheiß an das Finanzamt verlor. Kalf sicherte nur sich selbst.

Die Ermittlungen wegen der erneuten Strafanzeigen gegen Kalf werden wieder eingestellt. Für den Staatsanwalt ist Kalfs Betrug nicht nachweisbar. Aus den Ermittlungsakten ergibt sich, sagt der Staatsanwalt, dass der Beschuldigte sehr hohe Geldbeträge vertrauensvoll ohne Quittung weitergegeben hat, die ihn finanziell ruiniert haben. In der Einstellungsbegründung wird nicht gesagt, dass die Weitergabe der Geldbeträge nicht bewiesen werden konnte. Auch die Bemerkung, dass sich Kalf damit finanziell ruinierte, ist folglich eine Annahme. Nicht weniger möglich ist die Vermutung, dass das Gegenteil der Fall ist.

Kalf profitierte von der Mühsal, einem Betrüger seinen Betrug juristisch detailliert nachzuweisen. Das macht Arbeit, braucht Zeit und kostet Geld. Einige Geschädigte lassen nicht locker. Ein Jahr später wird ein erneutes Ermittlungsverfahren wegen Verdacht des Betrugs gegen Kalf eingeleitet werden.
Der Zivilprozess endete vorher in der ersten Instanz mit einer Verurteilung der Beschuldigten zur Zahlung von achtkommaneun Millionen Mark. Nach knapp zwei Jahren verkündeten die Richter der Berufungsinstanz das Endurteil. Die Berufung wird zurückgewiesen und das Ersturteil des Zivilgerichts bestätigt. Die beantragte Revision erlebte die Beschuldigte nicht mehr.
Vierzehn Tage vor der Verkündung des Endurteils stellte der Staatsanwalt die Ermittlungen gegen Kalf abermals ein. Die Beschuldigte aus dem Zivilprozess hatte Kalf unter anderem angezeigt, bei der Abgabe der eidesstattlichen Versicherung vor einem Amtsgericht die im Zivilprozess gegen sie geltend gemachte Forderung über achtkommaneun Millionen Mark bewusst verschwiegen zu haben.
Nach Aktenlage stellt sich der zeitliche Ablauf so dar, dass Kalf wegen einer gegen ihn geltend gemachten Forderungen einer Gläubigerin vor einem Amtsgericht die Hand heben musste. In seinem Vermögensverzeichnis ist von einer vorhandenen Forderung von achtkommaneun Millionen Mark nicht die Rede. Zwei Monate nach dieser Erklärung trat Kalf diese vorher nicht geltend gemachte Forderung an seine spätere Klägerin aus Abtretung ab. Drei Monate danach begann der Zivilprozess wegen dieser Forderung, den die Gläubigerin für Kalf als Klägerin aus Abtretung führte.
Der Staatsanwalt ist der Meinung, dass dem beschuldigten Kalf das bewusste Verschweigen nicht sicher nachgewiesen werden kann. Entgegen der Auffassung der Zivilgerichte, wonach die Beschuldigte Kalf achtkommaneun Millionen Mark schuldet, sagt der Staatsanwalt in seiner Einstellungsbegründung vierzehn Tage vorher, dass nicht auszuschließen ist, dass der beschuldigte Kalf keine Forderungen gegen die Anzeigenerstatterin hat. Es sind keine Zeugen bekannt, die auf Grund eigener Wahrnehmung Geldübergaben des beschuldigten Kalf an die Anzeigenerstatterin bekunden

können. Die Zeugen, die solche Geldübergaben bestätigt oder verneint haben, berufen sich auf Angaben, die ihnen von dem Beschuldigten oder von der Anzeigenerstatterin gemacht worden waren. Auch die unterschriebenen Quittungen und Bestätigungen sind nicht geeignet, einen sicheren Beweis zu führen. Im Zivilprozess wurden genau diese Quittungen und Bestätigungen als Beweismittel verwendet dafür, dass die Beschuldigte von Kalf die Millionen erhalten hat und zum Schadenersatz verurteilt wurde.
Gewann Kalf den Zivilprozess mit Hilfe der Forderungsabtretung an die Klägerin, weil er selbst somit als Zeuge in eigener Sache auftreten konnte? Wir nehmen an, dass Kalf als Kläger bei dieser Beweislage und ohne einen tatsächlichen Zeugen den Prozess verloren hätte. Wenn das so ist, dann ist dieses Urteil ein Fehlurteil und ein Skandal. Juristen mögen die Einschätzung von Laien belächeln. Angesichts dieses Beispiels aber ist es nicht verwunderlich, dass Betrüger mit juristischen Tricks durch die Maschen der Paragraphen rutschen. Wir hatten erwartet, dass Kalf zumindest vor Gericht begründen musste, warum er seine behauptete Forderung nicht selbst einklagt. Wie der bekanntermaßen offiziell vermögenslose Kalf seinen Rechtsanwalt bezahlte, mussten die Richter auch nicht erfragen und nachprüfen. Durch Darlehen von Freunden wurde der Prozess finanziert, ließ Kalf sagen. Gehört dazu auch seine Klägerin aus Abtretung? Sie war nicht nur Kalfs Gläubigerin, sondern auch Kalfs fünfte Schmiergeldlieferantin.
Kalfs Konten offenbaren Fakten, die handfeste Vermutungen zulassen. Zeitlich nacheinander stellt sich das Engagement von Kalfs Klägerin aus Abtretung aus den Buchungen so dar, dass sie ein halbes Jahr nach Eröffnung von Kalfs Inlandskonto neunhundertfünfzigtausend Mark einzahlte und von Kalf am selben Tag und in zwei Beträge gesplittet insgesamt knapp neunhundertfünfundsiebzigtausend Mark an sie zurücküberwiesen wurde. War diese Einzahlung Schwarzgeld, das auf Kalfs Konto gewaschen wurde? Wozu geschah sonst die sofortige Rücküberweisung in zwei Beträgen? Zur Anlage kann es wohl nicht gewesen sein. Weitere Einzahlungen erfolgten bis zur Schließung auf diesem Konto nicht mehr, aber ein halbes Jahr nach der genannten Einzahlung überwies Kalf von diesem Konto an die Klägerin noch

einmal einhundertdreiunddreißigtausend Mark. Auf Kalfs Auslandskonto erscheint Kalfs Klägerin nur einmal mit einer Auszahlung von einhundertzweiundfünfzigtausend Mark. Einzahlungen leistete die Klägerin auf das Auslandskonto nicht. Aus Einzahlungen und Auszahlung auf beiden Konten ergibt sich ein Plus von dreihundertzehntausend Mark innerhalb eines halben Jahres. Ein Gewinn ohne Risiko, denn das Kapital wurde noch am Einzahlungstag zurückgebucht.

In Kalfs Strafbefehl erscheint die Klägerin drei Jahre später seltsamerweise wieder mit neunhundertfünfzigtausend Mark. Im Klartext heißt das, dass Kalf der Klägerin einen Betrag schuldet, den er schon an sie zurücküberwiesen hatte, den sie ihm aber passend in selber Höhe jedenfalls auf dem Papier erneut überließ! Laut Akten wurde die Klägerin vom Staatsanwalt vor dem Strafbefehl nicht vernommen. Es gibt aber einen Aktenvermerk der Kriminalpolizei. Nach wechselseitigen Strafanzeigen von Kalf und der ein Jahr später vor einem Zivilgericht von ihm Beschuldigten hatte der Staatsanwalt bei mehreren Personen Hausdurchsuchungen angeordnet. Dabei erklärte die Klägerin, dass sie Kalf schon vor zwei Jahren wegen finanzieller Nöte um einskommazwei Millionen Mark gebeten hatte. Aus Freundschaft nahm sie ein Bankdarlehen auf und lieh ihm das Geld. Sie gab Kalf das Geld in bar. Eine Rückzahlung erfolgte bis heute nicht. Die Klägerin nannte die jetzt Beschuldigte als Empfängerin da noch nicht. Erst ein Jahr nach der Millionenübergabe sagte Kalf, dass er das Geld der Beschuldigten gegeben hat. Erst daraufhin wandte sich die Klägerin an die Beschuldigte, die aber die Geldübergabe durch Kalf an sie bestritt. Dabei sagte die Klägerin, dass sie an Kalfs Geschäftspartner schon drei Millionen Mark verloren hat.

Sind das etwa die drei Millionen Mark, die sich Kalf laut Abtretungserklärung von Nelke für das Geschäft holte und nicht zurückzahlte? Holte Kalf die drei Millionen von Nelke, um eine Betrugsanzeige gegen ihn durch seine spätere Klägerin zu verhindern? Gehörte seine spätere Klägerin aus Abtretung also zu den Glücklichen, die ihr Geld von Kalf zurückbekamen? In der Anklageschrift von Kalfs Geschäftspartner taucht der Name der Klägerin jedenfalls nicht auf. Gab Kalf diese drei Millionen Mark nicht, wie behauptet der Beschuldigten, sondern der Klägerin, die ihn nach Zeugenaussagen massiv bedrängte? Und führte dann die Klägerin für Kalf den Prozess mit den dreihundertzehntausend Mark, die diese zu viel von Kalf erhalten hatte? Ohne gegenteilige Beweise ist das in Kalfs Betrugsgeschäften denkbar. Wie konnten die Richter ohne einwandfreie Beweise überhaupt ein Urteil fällen? Was für ein dreister Betrug war so möglicherweise abgelaufen!

Wir sind uns jetzt sicher. Mit einer rechtzeitigen, systematischen Untersuchung der Kundenkonten wäre es möglich gewesen, Kalf auf die Schliche zu kommen. Und in einem sauberen Zivilprozess sollte der wegen Betrugs mehrfach angezeigte Kalf sich nicht durch Abtretung in eine Zeugenstellung mogeln können, die ihm medienwirksam einen Auftritt als Opfer einer Beschuldigten ermöglichte, die selbst wegen eigener Delikte als Täterin leicht darzustellen war. Kalf inszenierte ein perfektes Ablenkungsmanöver. Er konnte mit dem Zivilprozess den Verdacht des millionenfachen Betrugs zum Nachteil von Kapitalanlegern wirksam in den Hintergrund drängen. In den Urteilsbegründungen der Zivilgerichte in erster und zweiter Instanz werden Gedanken in diese Richtung zwar geäußert. Kalf wurde aber nicht zugetraut, dass er Freunde und Bekannte mit einer eigenen, von langer Hand geplanten Lügengeschichte betrügen wollte. Bei der Urteilsverkündung im Zivilprozess gab es das betriebswirtschaftliche Gutachten noch nicht. Sonst wären die Richter auf die Verbindung zwischen Kalf und seiner Klägerin gestoßen. Und auf manchen Helfershelfer. Der fünfte Mann am Tisch ist noch nicht aufgetaucht.

Wir wissen jetzt, wie viele Anleger schwarz auf weiß durch Kalf betrogen wurden. Meine Freundin und ich wollten Fakten finden und berichten, nicht mehr und nicht weniger. Die Dunkelziffer ist groß und manch ein Name könnte genannt werden. Das betrifft auch Kalfs wahren Namen. Am vorläufigen Ende dieser Betrugsgeschichte steht fest, dass Kalf Millionen vereinnahmte. Einige Geldgeber erhielten auf Kosten anderer ihr Geld zurück. Die, die bis heute leer ausgingen, sagen Vergissmeinnicht zu Rose und Tulpe und Nelke und Kalf oder wie sie sonst noch heißen.

XIII. Eine Frage der Zeit

Meine Freundin und ich nehmen uns die Freiheit, zu berichten, was der Fall ist. Wir sagen, was in Kalfs Fall vor Gericht und in der Öffentlichkeit nicht zur Sprache kam. Und wir bleiben Kalf auf den Fersen. Auch der nicht verurteilte Betrüger bleibt ein Betrüger. Kalf ist für seine Betrügereien und Gaunereien bekannt. Das entschied ein Gericht. Er soll noch dafür bezahlen.

Die Geschichte ist nicht zu Ende. Das Bundesverfassungsgericht hat Medien die Aufgabe zugewiesen, Missstände aufzuklären, an deren wahrheitsgemäßer Darstellung die Betroffenen kein Interesse zeigen. Der Strafbefehl, den der Staatsanwalt Kalf bescherte, zeigt einen solchen Missstand. Das Strafgeld ist ein Trinkgeld für den Betrüger. Ein Schelm, wer Böses dabei denkt.

Wir dachten, dass wir als zivilisierte Bürger deshalb auf Selbstjustiz verzichten, weil der Staat uns und unser Eigentum im Fall des Falles schützt. Kalfs Strafbefehl klärt uns auf. Das Gegenteil ist der Fall. Wir wissen jetzt, was ein Strafbefehl ist und was hinter einem Strafbefehl steht. Das Verfahren ist kurz, es gibt kaum Zeugenvernehmungen, entschieden wird nach subjektiver Abschätzung der Aktenlage, schriftlich und ohne öffentliche Verhandlung. Die Geschädigten werden nicht gefragt und nicht beteiligt. Für die Beteiligten ist das Verfahren billig: dem Beschuldigten bleibt eine öffentliche Verhandlung erspart, Richter und Staatsanwälte sparen sich Arbeit und Kosten und die gemeinnützigen Einrichtungen erhalten Geld. Der Staatsanwalt bestimmt das Ausmaß der Ermittlungen. Beweise werden nicht erhoben. Es ist nicht mehr von Interesse, ob die Vorwürfe berechtigt waren oder nicht. Den Ausschlag geben nicht die Betrogenen, sondern der Betrüger. Er darf mitreden und kann dem Strafbefehl zustimmen oder Einspruch erheben. Der Staatsanwalt erledigt das Geschäft mit dem Recht und mit dem Beschuldigten.

Wir lesen, dass ein Rechtspflegeentlastungsgesetz diese Praxis regelt. Nach dem Ermessen des Staatsanwalts können Strafverfahren gegen Geldauflage eingestellt werden, wenn damit das öffentliche Interesse an der Strafverfolgung zu beseitigen ist.

Das ist bei Kalf nicht der Fall. Tatsache ist, dass die Öffentlichkeit, die im Strafbefehl nicht zu Wort kam, danach sich mit neuen Strafanzeigen gegen Kalf verstärkt zu Wort meldet.
Der erneut mehrmals angezeigte Kalf bedauert deswegen den Staatsanwalt. Was soll der Mann machen, wenn Verrückte dauernd Anzeige erstatten. Er ist Opfer, nicht Täter, sagt Kalf, fast jeden Tag haben Leute Mordsrenditen bei Geldanlagen versprochen. Auf diesen Schwachsinn ist er abgefahren? Überhaupt nicht. Er hat Nelke zehn- oder fünfzehntausend Mark gegeben, damit der Ruhe gibt. Auf einmal kam der mit einem Haufen Prozente daher. Wenn einer gefragt hat, hat er gesagt: ruf halt den Nelke an. Es war nicht so, dass er die Schaltstelle für den Nelke war. Alle, die sich jetzt so aufmandeln, haben selbst mit dem Nelke gesprochen. Warum er dann aber für Nelke Geld angenommen hat? Wie oft soll er denn noch sagen, dass er ein Depp war. Hinter dem Nelke steckt Rose, ein Deutsch-Kanadier, der kurz vor dem Zusammenbruch des gesamten Anlagesystems aus Deutschland verschwunden ist. Und den Unsinn mit den Millionengeschäften hat er geglaubt? Ihm ist das jetzt so peinlich. Persönlich soll er bei diesen ganzen Geschäften etwa zehn Millionen Mark verloren haben? Er mag von dem ganzen Mist nichts mehr wissen.
Diesen Kommentar kann Kalf sich leisten. Der Staatsanwalt hat ihn aus der strafrechtlichen Gefahrenzone geführt. Das Bild von Kalf als Opfer, das der Staatsanwalt herausstrich, muss korrigiert werden. Kalf ist Täter in dreierlei Sicht.
Kalf zeigt sich als Nelkes Kunde. Die zwei Millionen, mit denen er auf Nelkes Kundenliste erscheint, hat er sich von Geschäftspartnern geliehen, deren Namen er nicht nennen will. Dass er Renditen daraus nicht aushändigte, räumt er ein. Dafür muss er wegen Untreue und Steuerhinterziehung jetzt Strafe zahlen. Selbst fühlt er sich nicht geschädigt und hat Nelke deshalb nicht angezeigt. Von Anfang an hat er das gesagt. Das ist Kalfs Aussage zu seinem Strafbefehl.
Kalf outet sich als Geldsammler für seinen Geschäftspartner. Die Gelder der Anleger hat er stets weitergeleitet, er hat Eingezahltes abgehoben und Nelke

bar übergeben. Für Verluste ist Nelke verantwortlich. Der hat die Millionen. Das ist Kalfs Aussage zu den Betrugsvorwürfen.

Kalfs eigene Geschäfte kommen nicht zur Sprache.

In allen Einstellungsbescheiden entschuldigt der Staatsanwalt Kalf laut dessen Aussage. Nach Meinung des Staatsanwalts ergibt sich aus den Ermittlungsakten, dass Kalf sehr hohe Barbeträge vertrauensvoll ohne Quittung weitergegeben hat. Die Weiterleitung der Gelder durch Kalf zur Anlage war den Anlegern bekannt. Kalf hat Gelder zur spekulativen Geldanlage regelmäßig zur Verfügung gestellt. Kalf wurde selbst betrogen. Der Nachweis, dass Kalf über Nelkes Betrugsgeschäfte Bescheid wusste, konnte nicht erbracht werden, sagt der Staatsanwalt abschließend.

Die erste vorliegende Auswertung von Kalfs Kontounterlagen widerlegt alle Entscheidungsgründe des Staatsanwalts.

Kalf betrieb eigene Geschäfte von Anfang an nach dem Muster von Nelke.

Er zeigte sich wie Nelke als erfolgreicher Geschäftemacher in eigener Sache und versprach Gleiches seinen Bewunderern nach dem Motto: Lasst mich nur machen. Geldgeber mit ungutem Informationsbedürfnis beruhigte er mit Rückzahlung bar auf die Hand. Damit erübrigten sich schließlich Fragen nach dem Wohin und Woher und viele Anleger ließen Kalf mit dem zurückerhaltenen Geld ein zweites Mal machen.

Nach seinen Kontounterlagen verfügte Kalf über sechsundzwanzigkommavier Millionen Mark ohne Belege und Nachweise. Kalfs Geldgeber wussten nicht, dass Kalf seinen Geschäftspartner als Fassade benutzte. Kalf selbst wollte über das gesammelte Anlegergeld verfügen und er verfügte auch.

Wie und wohin Kalf das Geld der Anleger vertrieb, wird nicht geklärt. Als Substrat der staatsanwaltschaftlichen Entscheidungsgründe lesen wir Fiktionen und nicht Fakten. Nicht existierende Sachverhalte werden als gegeben angenommen. Diejenigen Journalisten, die, wie wir Anfangs feststellten, eine Berichterstattung über Kalfs Betrugsgeschäfte unterließen oder opportunistisch berichteten, befinden sich in guter Gesellschaft mit den Strafverfolgern, die mit Absprachen die Aufdeckung von Straftaten verdecken und verfälschen. Das

Verhalten von Borderline-Patienten hat auch von der Rechtssprechung Besitz ergriffen.

Und die Geschädigten? Keiner der Genannten bestreitet, geschädigt zu sein. Aber nur wenige wollen offen darüber reden. Weil das auch Reden über die eigene Dummheit bedeutet. Manche warten, bis Kalfs Geldgier seine Geduld übersteigt. Es ist der Traum eines jeden Betrügers, das fremde Kapital in eigenes umzufunktionieren.

Als der Staatsanwalt erste Ermittlungen gegen Kalf einleitete, wurde, eigentlich gerade zur rechten Zeit für Kalfs betrügerische Transaktionen, zur Umsetzung des neuen Geldwäschegesetzes beim Landeskriminalamt eine Clearingstelle zur Koordinierung von Fahndungen eingerichtet. Damit wurden die organisatorischen Voraussetzungen zur Handhabung des Bundesgesetzes über das Aufspüren von Gewinnen aus schweren Straftaten geschaffen. Dem neuen Gesetz zufolge müssen sich Auftraggeber bei Finanztransaktionen mit einem Umfang von mehr als zwanzigtausend Mark gegenüber den Kreditinstituten ausweisen. Kriminelle Verdachtsfälle müssen an die Staatsanwaltschaften gemeldet werden. Auf diese Weise soll das Einsickern von Verbrechensgewinnen in den Wirtschaftskreislauf verhindert werden. Einzahlungen und Auszahlungen auf Kalfs Konten zeigen dieses Muster. Banker saßen mit am Tisch und störten sich nicht daran. Aber Kalfs Helfershelfer reagierten. Seine Sammelkonten wurden geschlossen.

Es ist eine Frage der Zeit, bis die Millionen auftauchen werden. Neue Namen sind schon im Spiel. Kalf kann sich nicht weiter auf Stillschweigen verlassen. Meine Freundin und ich warten auf neue Erkenntnisse.

Was wir bis hierhin aufgeschrieben haben, ist in umfangreichen Justizakten und mehreren Printmedien nachzulesen. Unsere Einschätzung von juristischen Vorgängen ist subjektiv und gibt nicht die Auffassung gelernter Juristen wieder. Etwaige Denkfehler nehmen wir auf unsere Kappe. Für neue Erkenntnisse sind wir offen. Ansonsten ist der Verlauf unserer Recherche authentisch und gibt den Inhalt aller Schriftstücke wie gelesen wieder. Wir verließen uns auf Rechner und behielten die deutsche Mark als Währungseinheit auf Kalfs Konten bei.

Auf eine Personenbeschreibung von Rose, Tulpe, Nelke und Kalf haben wir bewusst verzichtet. Nicht, dass Jemand behauptet, sich zu erkennen. Jemand kann das Geheimnis von Jedermann sein. Dann soll der sich melden.

Nachbemerkung

Der Autorin liegt es fern, Staatsanwälte oder Richter grundsätzlich zu diskreditieren. Gewollt ist jedoch, eine Betrugsgeschichte so darzustellen, wie sie von juristischen Laien jenseits der Paragraphen erlebt und gesehen wird. Auch Staatsanwälte und Richter entscheiden nach „Meinung“ oder nach „Dafürhalten“

Kalfs Betrug wurde nicht aufgeklärt. Seine ausländischen Konten blieben unter Verschluss, obwohl der Staatsanwalt frühzeitig von der Existenz solcher Konten erfahren hatte. In einem amtlichen Durchsuchungsbeschluss wurden auch Kalfs Briefkastenfirmen mit Sitz in Liberia und Monaco genannt.

Wenn der Staatsanwalt rechtzeitig ermittelt hätte, was sofort zu ermitteln war, statt dem Betrüger einen Deal anzubieten, wäre Schaden zu verhindern gewesen.

Nach sorgfältiger Recherche stellt sich die Frage, ob ein Staatsanwalt wegen unterlassener Ermittlungen zur Verantwortung gezogen werden kann.

r Erfindung „Kunden helfen Kunden beim Punkte sammeln“ habe n Satz berücksichtigt, denn es gibt bis 2023 noch keine ung zum Punkte sammeln, wo **<u>alle</u>** Punkte 100%ig als NGELD zur freien Verfügung“ ausgezahlt werden, sondern nur dungssysteme.

zwar nicht an Schicksale, aber irgendwie musste alles passieren nber 2023, damit ich an ein Projekt-Vorschlag für die Weltneuheit helfen Kunden beim Punkte sammeln“ durch „Neueröffnung von n“ arbeite, damit in Zukunft der Grundstein dafür gelegt werden ist die einzige Chance, um in einem Land die „Spreu vom Weizen“ , damit es eine bessere Zukunft geben könnte, wenn alle die eine ukunft” wollen, von 0 = NULL anfangen und dabei helfen wollen. 2. Buch kann jeder mithelfen, ohne mit jemanden darüber sinnlos r diskutieren zu müssen.

n der DDR und 30 Jahre in Bayern bis zur Rente viele Erfahrungen tschaft gesammelt, damit „junge Fachexperten“ die Wirtschaft für handel studiert haben, diese für eine bessere Zukunft nutzen und können, wenn Sie dieses 2. Buch zum Lernen-Umdenken-benutzen.

nn die vielen Naturkatastrophen verfolgen. Dafür werden in Zukunft benötigt und nicht für die sinnlose Aufrüstung durch „Idioten“ die neten mit Waffen zerstören wollen. Deshalb muss das wichtigste Personen die für die Waffen und Rüstungsindustrie arbeiten, damit der Welt „kranke Personen“ Krieg spielen können zu stoppen.

er nur möglich, wenn es Personen in einem Land gibt, die mit meiner „Kunden helfen Kunden beim Punkte sammeln“ den Grundstein n und dieses 2. Buch gelesen und verstanden haben. Erst dann e „Größte Gelegenheit in der Geschichte der Welt zum Punkte für eine bessere Zukunft beginnen, durch Lernen-Umdenken-, bevor es zu spät ist.

Meine Antwort, viele WESSIS wissen nicht, welche Möglichke Marktwirtschaft bietet und wie man diese richtig und seriös nutzen ka die meisten, alle nur das schnelle große Geld machen wollen (Kapita Genauso sorgen TV-Sender für Geschäfsschädigung durch Verbreit Gerüchten, wenn über Firmen berichtet, die Kunden durch Lügen und abgezockt haben. Es ist immer ein Unterschied, ob jemand eine Beratung" macht, oder durch eine **„Frage und Antworttechnik"** den durch **„Lügen und Betrug"** Produkte verkauft. NIEMALS alle Verkäu Berater im Außendienst, in einen Topf werfen.

P.S. Es war für mich zum Lernen-Umdenken-Mitdenken eine gute E die ich gemacht habe. Aber ich habe auf eine Zusammenarbeit verzi

Millionen Personen, in einem Land gehen in die Schule und lerne Beruf, aber wie man sich in dieser Verbrecher-Wirtschaft schützen kar muss jeder selber zufällig erst Erfahrungen machen. Das liegt natü Bildungswesen. Niemand lernt in der Schule, welche Vertriebsarten und wie diese funktionieren, deshalb war für mich "persönlich" die Au im Vertriebs-Marketing, bis heute wichtig gewesen. Ich habe es nie b

Mein Ziel war, bis zur Rente Schuldenfrei zu sein.

1995 bewarb ich mich bei einer Zeitarbeitsfirma in Regensburg u wieder in Bayern gelandet mit einen Haufen Schulden, die bis 2010 au Euro angewachsen waren. Ich wünsche es niemanden, aber ich k heute vorstellen, welche Probleme viele haben, die in Deutschland we Corona-Krise, Ihre Geschäfte schließen mussten und in die Pleite g wurden. Wer davon keine Ahnung hat, kann sich so etwas nicht vors

Jeder der dieses 2. Buch gelesen hat soll nur wissen, warum ich **nu Rente zur Verfügung habe**, um dieses 2. Buch bekannt zu mache ich es nicht schaffe, dann haben unsere Kinder und Enkelkinder Pech

Jeder kann durch dieses 2. Buch in Zukunft genauso wie ich es g habe, TV und soziale Netzwerke zum Lernen-Umdenken-Mi benutzen. Ich überlege danach, ob und wie könnte man es besser r

Er hatte sich mit „Wessis“ unterhalten die keine Ahnung hatten, ꞌeredet haben, er würde gegen „UWG“ verstoßen und weiteren fuhr in die Firma und sagte, wenn alles so gemacht wird, wie ich abe, dann ist es richtig und seriös, weil ich wusste, es gibt die Ahnung haben.

ierte folgendes: Ich unterschrieb meine Kündigung und dabei ir, kein Problem ich habe alles meinen Rechtsanwalt übergeben, as dabei rauskommt. Es dauerte danach nicht lange und sein Ihm eine Nachricht vom Rechtsanwalt gesendet, mit der dass wenn es so gemacht wird, wie ich es gesagt habe, dann ist d seriös“. Niemand kann sich einen WESSI vorstellen, der 20 rkäufer, „Kunden den Traum vom Haus versprochen“ hat und hricht gelesen hat. Die Reaktion war folgende:

her und rief, “20 Jahre habe ich geschuftet, jetzt kann ich endlich eld machen, aber so wie Sie es machen wollen, geht es viel zu wusste natürlich sofort, was das für mich bedeutet, niemals mit SI“ zusammenarbeiten, der das schnelle große Geld machen will, ktioniert nicht.

ürlich jetzt das schnelle große Geld machen. Er gab mir einen ervertrag der für mich aber sinnlos war, denn ich hatte nichts en, nur, wenn er es wünscht. Um mehr Geld machen zu können, e Geschäftsidee total geändert.

Erlebnis für mich war, als er in ein Hotel 250 von seinen Kunden eladen hatte und ich durfte mir das auch anhören, was er seinen en, die von einem eigenen Haus träumen” zu sagen hatte.

eit 20 Jahren, versprechen wir Ihnen den Traum vom Haus men immer noch davon“. Heute ist ein Ostbürger mit da, der eg gezeigt hat, wie Sie schneller zu Wohneigentum kommen Klingt doch „SUPER“, wenn man so etwas hört.

heute, **niemals eine Wut** auf meinen ehemaligen Chef (WESS obwohl ich dadurch in Schulden geraten bin und mein Leben dana Rente zerstört war.

In meinen Verwandten und Bekanntenkreis, wussten zwar viele da diese Firmenpleite in die Schulden geraten bin, aber nicht wie h waren. Ich habe es „GEHEIM“ gehalten.

Da ich herausgefunden hatte, das es „ausgebildete Verkäufer“ Geschäftsschädigung gemacht haben, wollte ich wissen, wie diese dafür ausgebildet wurden. Ich habe mich deshalb bei einem Unternehmen in Regensburg (Bayern) 1992 beworben. Für die bekam ich Überbrückungsgeld. Es kann sich kein normaler Bürger wie seit vielen Jahren im Kapitalismus wissenschaftlich eine „ Antwortechnik“ für die „Ausbildung von Verkäufern“ erarbeitet wur Kunden durch „Lügen und Betrug“ Produkte zu verkaufen. In der p Ausbildung wurde mir gezeigt, wie ein „ausgebildeter Verkä „arbeitsloses Ehepaar mit Kleinkind“ durch die Benutzung der Antworttechnik ein Produkt verkauft hat. Das war für mich sofort für dieses Unternehmen **niemals** zu arbeiten. Ich habe der Gesch gesagt, ich will keine Kunden „belügen und betrügen“. Logisch, gekündigt und musste das Überbrückungsgeld zurückzahlen.

Da ich ein „OSSI“ bin, der Lernen – Umdenken – Mitdenken kann ich jede „negative Erfahrung“, auch als eine „positive Erfahrung“. W TV, immer wieder Beispiele sehe oder höre wie Rentner (zum Bei den Enkeltrick) abgezockt werden, dann ist es für mich logisch, Personen, egal ob Rentner oder andere Personen geg ausgebildeten Personen kaum eine Chance haben.

Durch meine Ausbildungen, entstand damals eine Geschäf “Förderung von Wohneigentum”. Da ich logischerweise mit Sch Unternehmen selber aufbauen konnte, habe ich diese einem „W bereits 20 Jahre ein Unternehmen hatte vorgestellt und ich wo Berater dafür arbeiten, damit alles richtig und seriös umgesetz bekam 1994 einen Beratervertrag.

Beim Verlag vonjournalisten.de bereits erschienen

ISBN 9789462541207

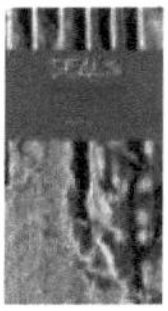

DEALS

Die bequemen Rechtsmittel der Justiz

Eine Dokumentargeschichte

Am Beginn der neunziger Jahre, Deutschland nach der Wiedervereinigung. Aufbruchstimmung macht sich breit. Ideal für Geschäfte mit Parteigeldern der ehemaligen SED, Immobilien in den neuen Bundesländern und luftigen Kapitalanlagen. Eine Betrugsgeschichte wird erzählt. Hauptpersonen sind drei Frauen, Gitti, Maria und die Ich-Erzählerin, einige Anlagevermittler, mehrere Banker und Staatsanwälte. Die drei Frauen lernen sich zufällig kennen. Auslöser ist ein Telefonanruf, bei dem der Name des Anlagevermittlers Kalf und der Name der österreichischen Bank genannt werden. Jede dieser drei Frauen ist betrogen worden, die eine mit Bargeld, die andere mit Schrottimmobilien, die dritte mit Kapitalanlagegeschäften. Zusammen machen sie sich an die Arbeit, die Betrugsgeschäfte offen zu legen.
Eine aufreibende Reise in die Vergangenheit beginnt. Auf abenteuerliche Weise werden Beweise beschafft. Es stellt sich heraus, dass Kalfs ausländische Konten unter Verschluss blieben, obwohl der Staatsanwalt frühzeitig von der Existenz solcher Konten erfahren hatte.